오십, 나를 다시 시작하다

오십,
나를 다시 시작하다

평범한 주부에서 늦깎이 작가까지, 나의 인생 반전기

추천인의 글

변화를 꿈꾸는 이들을 향한 따뜻한 위로

"보라 내가 새 일을 행하리니 이제 나타낼 것이라…"
이사야 43:19

 50세라는 나이는 누군가에게는 인생의 후반전이 시작되는 분기점이자, 또 다른 누군가에게는 내려놓고 쉬어가야 하는 때로 여겨질 수 있습니다. 그러나 이 책의 저자 현은정 작가님에게 50세는, 멈춤이 아니라 다시 시작하는 출발선이었습니다.
 저자는 평범한 주부에서 늦깎이 작가가 되기까지의 여정을 진솔하게 고백하며, 나이를 이유로 꿈을 포기하지 않는 삶의 힘을 보여줍니다. 첫 장을 펼치면 커피 한 잔의 소소한 행복에서 시작된 작은 변화가, 가족과의 관계를 회복시키고, 인생의 가치관을 새롭게 세워갔는지를 공감 가는 이야기로 풀어갑니다.
 특히, 책이 가정에 미친 변화는 독자로 하여금 미소 짓게 하면서도 깊은 울림을 줍니다. 함께 읽고, 함께 대화하며, 서로의 마음을 더 깊이 이해하게 된 부부의 모습은 "둘이 한 몸"(창세기 2:24)이라는 말씀을 실감나게 전합니다. 또한 갱년기와 사춘기가 부딪히던 시절, 대화와 웃음을 통해 서로의 마음을 열어가는 과정은, 가족이라는 울타리가 어떻게 회복의 장이 되는지를 잘 보여줍니다.

이 책은 단순히 한 사람의 인생 반전을 기록한 자서전이 아닙니다. '지금 이 자리에서 새롭게 시작할 수 있다'는 하나님의 은혜와 회복의 메시지가 담긴 신앙 고백이자, 독자에게 건네는 위로와 용기의 편지입니다. 삶의 상처를 지닌 이들에게, 그리고 새로운 도전을 앞둔 모든 분들에게 이 책은 분명히 "너희는 이전 일을 기억하지 말라…"(이사야 43:18)라는 말씀처럼 과거의 실패와 후회를 내려놓고, 주어진 오늘을 새롭게 살아가도록 격려할 것입니다.

저자는 이야기 속에서 자기 자신을 발견하고, 가족을 다시 사랑하게 되었으며, 무엇보다 인생의 참된 주인 되시는 하나님을 더 깊이 신뢰하게 되었음을 고백합니다. 이 책은 우리에게 말합니다. 나이는 숫자일 뿐, 하나님의 부르심 앞에서는 언제든 '다시 시작'이 가능하다고 말입니다. 그리고 그러한 리셋reset의 증거가 바로 자신이라고 소개합니다. 《오십, 나를 다시 시작하다》는 50세를 앞둔 이들에게는 희망을, 이미 50세를 넘긴 이들에게는 새로운 용기를, 그리고 젊은 세대에게는 인생을 어떻게 준비할 것인지에 대한 지혜를 선물해줄 것입니다. 책장을 덮는 순간, 당신도 작은 웃음을 머금고 아마 이렇게 고백하게 될 것입니다.

"주님, 저도 다시 시작하겠습니다."

수정교회 담임목사, 이성준

추천인의 글

　새로운 여정을 시작하는 작가님께 박수를 보냅니다
　이 책은 평범한 삶을 살아오면서 하루의 일상을 어떻게 사느냐에 따라 소소한 행복과 함께 꿈이 이루어지는 지혜를 가르쳐준 책입니다 오랜 시간 묵묵히 쌓아 올린 지혜와 소녀같은 순수한 마음 그리고 무엇보다 긍정의 마음으로 배움을 실천하는 용기가 한데 어우러져 마침내 빛을 발하게 된 눈부신 결실입니다.
　저는 이 책의 작가님을 곁에서 지켜보며 깊은 감명을 받았습니다. 작가님은 참으로 특별한 분이십니다. 하나를 가르치면 열을 깨닫고, 깨달음과 동시에 그것을 삶 속에서 즉시 실천하는 놀라운 지혜를 지니고 계시기에, 언제나 저에게 큰 울림을 주셨습니다.
　책쓰기과정에서 텍스트 너머의 의미를 깊이 이해하고, 배움의 기회를 자신의 것으로 완벽히 소화해내는 작가님의 모습은 진정한 배움의 가치를 일깨워 줍니다.
　더욱이 감탄을 금치 못하는 것은, 작가님께서 58세의 나이에 생애 첫 단독 저서를 세상에 내놓는 이 용기 있는 도전입니다. 이는 나이가 많음과 적음은 그 어떤 목표를 이루는 데 있어서도 결코 장애물이 될 수 없음을 몸소 보여주는 희망의 증거라 할 수 있습니다. 늦은 나이에 시작해도 결코 늦지 않다는 진리를, 오롯이 자신의 삶으로 증명해 보이신 것입니다. 책 한 권에 담긴 작가님의 깊은 사색과 삶의 통찰은 많은 이들에게 위로와 영감을 선사할 것입니다.

이 책은 작가님의 진솔한 삶의 여정에서 얻은 소중한 깨달음을 담고 있습니다. 독자분들께서 이 책을 통해 작가님의 지혜와 용기를 함께 느끼고, 자신만의 삶을 돌아보는 귀한 시간을 갖게 되기를 진심으로 바랍니다. 작가님의 이 빛나는 첫걸음에 아낌없는 박수와 성원을 보내며 하나님의 축복이 함께 하기를 기도드립니다.

교육인 작가 강연가, 최성모박사

프롤로그

50대 후반, 내 인생에 찾아온 기적 같은 변화

"엄마, 또 울어요?"

키보드 앞에서 눈물을 훔치는 나를 본 막내가 걱정스럽게 물었다. 스크린에는 방금 쓴 문장이 떠 있었다.

"그때 나는 정말 외로웠다."

30년 전 일을 쓰면서 가슴 한구석에 묻어둔 아픔이 갑자기 터져 나온 것이었다.
1년 전만 해도 이런 일은 상상할 수 없었다. 나는 그저 평범한 50대 주부였다. 아침 식사 준비, 회사 운영, 아이들 뒷바라지. 글쓰기는 나와 거리가 먼 일이라고 생각했다.

그런 내게 예상치 못한 제안이 날아왔다.

"공저책을 함께 써보시겠어요?"

7명이 함께 쓴 《우리의 인생 수업》은 나의 삶을 송두리째 바꾸어 놓았다. 가장 큰 변화는 우리 집 풍경이었다. 책에 쓸 이야기를 찾기 위해 독서를 시작하자, 거실 테이블 위에 책들이 하나둘 쌓이기 시작했다.

어느 날 저녁, 남편이 내가 읽던 책을 조심스럽게 집어 들었다.

"나도 뭔가 해야겠는데."

그때부터 우리 부부는 저녁이면 각자 책을 읽는 새로운 일상을 갖게 되었다. 아이들도 "엄마 요즘 왜 그래?" 하며 신기해하더니, 어느새 자연스럽게 책에 관심을 보이기 시작했다.

공저책 출간 기념회 후 한 독자가 다가와 말했다.

"글을 읽고 많은 위로를 받았어요. 저도 비슷한 경험이 있거든요."

그 순간 가슴이 뭉클했다. 내 평범한 이야기가 누군가에게는 위로가 되었다니.
그 후 또 다른 제안이 왔다.

"이번엔 단독으로 책을 써보시는 게 어떨까요?"

밤 10시 무렵, 컴퓨터 앞에 앉아 키보드를 두드리다 보니 놀라운 일이 벌어졌다. 나도 몰랐던 나 자신과 만나게 된 것이다. 결혼 초기 시어머니와의 갈등, 아이들을 키우며 느꼈던 부족함, 어린 시절 가난 때문에 겪었던 수치심까지. 평소 감춰두고 싶었던 감정들이 하나씩 수면 위로 떠올랐다.
어떤 날은 한 문장을 쓰기 위해 두 시간을 앉아있기도 했다. 어떤 날은 쓰다가 너무 아파서 컴퓨터를 끄고 산책을 나가기도 했다. 하지만 그 아픔들을 글로 풀어내면서 묘한 일이 일어났다. 아물지 않은 상처들이 조금씩 치유되기 시작한 것이다.

책을 쓴다는 것은 나를 샅샅이 돌아보고 쓰다듬어주는 일이었다.

왜 하필 지금일까? 50대 후반에서 나는 묘한 균형점에 서 있다. 치열했던 전반부 삶을 정리하면서, 동시에 새로운 후반부를 준비하는 시점. 경험은 충분하지만 가능성도 여전히 열려 있는 절묘한 시기다.

이 책에는 평범한 일상 속 작은 깨달음들, 가족과 나누는 소소한 행복들, 새로운 도전의 설렘과 두려움을 담았다. 화려하지 않지만, 그 속에서 나는 진짜 나 자신을 만났다.

혹시 당신도 지금 인생의 어떤 전환점에 서 있다면, 혹시 당신도 마음 한구석에 하고 싶은 일이 있지만 망설이고 있다면, 이 이야기가 작은 용기가 되기를 바란다.

나는 아직도 매일 밤 하루를 마무리하며 키보드 앞에 앉는다. 때로는 울고, 때로는 웃으며 나의 이야기를 써 내려간다. 그리고 확신한다. 이 여정의 끝에서 만날 나는 지금보다 더 단단하고, 더 자유로우며, 더 나다울 것이라고.

목차

추천인의 글 - 4

프롤로그 - 10

1장. 나를 다시 발견하는 시간

   1. 커피 한잔에서 시작되는 소확행 - 22

   2. 힘들었던 과거가 나를 강하게 만들었다 - 29

   3. 50대, 드디어 내가 빛나기 시작했다 - 36

   4. 세월이 조각해낸 진짜 아름다움 - 42

   5. 어린시절의 꿈을 50대에 다시 꺼내다 - 51

   6. 첫 번째 단독책을 쓰며 만난 진짜 나 - 59

2장. 책이 바꾼 우리 가족의 풍경

   1. 남편이 책에 빠진날, 우리집에 웃음이 돌아왔다 - 68
   2. 함께 읽으니 더 깊어진 30년 부부의 대화 - 73
   3. 60년 간 꿈꿔온 '큰 바위 얼굴' - 78
   4. 한 권의 책이 바꾼 우리의 사업 마인드 - 85
   5. 거실 가득했던 책들에 담긴 엄마의 욕심 - 93
   6. 먼지 쌓인 책에서 찾은 솔직한 반성 - 97
   7. 책 읽는 엄마가 만든 따뜻한 가족 시간 - 103

3장. 갈등이 우리에게 준 선물들

1. 30년 부부, 드디어 서로를 믿기로 하다 - 112
2. 남편의 청력 변화와 함께 시작된 우리의 변화 - 119
3. 함께 찾은 새로운 소통 - 124
4. 당신이 내 귀가 되어주니 세상이 더 따뜻하다 - 130
5. 갱년기 엄마와 사춘기 아들, 드디어 마음이 통하다 - 135
6. 화해의 첫 걸음은 함박웃음이었다 - 147
7. 말하지 않고도 전해지는 가족의 사랑 - 155

4장. 50대, 진짜 인생이 시작되다

  1. 바쁜 50대에 진짜 필요한 건 멈춤이었다 – 164
  2. 자연이 가르쳐준 진짜 힐링의 의미 – 168
  3. 50대에 만난 인생의 진짜 스승들 – 173
  4. 아프고 나서야 깨달은 건강의 소중함 – 179
  5. 하프라인을 지나며 준비하는 든든한 미래 – 185
  6. 매일 조금씩 더 지혜로워지는 법 – 191

에필로그 – 199

1장

나를 다시 발견하는 시간

1. 커피 한잔에서 시작되는 소확행

아침의 고요한 시간, 커피를 갈고 내릴 때 퍼지는 고소한 향이 하루의 시작을 특별하게 만든다. 커피가 내려오는 소리와 함께 주변에 퍼지는 향기는 오늘 하루도 힘내보자는 에너지를 준다. 핸드드립으로 천천히 물을 부을 때면, 시간이 멈춘 듯한 고요함 속에서 나만의 작은 의식을 치르는 기분이다. 사실 잠깐의 이 여유도 잠시후면 회사에 나가봐야 하니 나만의 소소한 망중한이다.

어느 날 카페에서 친구와 수다를 떨다 문득 내가 물었다.

"너는 언제 행복하다는 생각이 들어?"

친구는 잠시 생각하더니 말했다.

"아침에 커피를 내려서 마실 때 그 시간이 행복해."

뭔가 특별한 스토리가 나올 줄 알았는데, 눈앞에 보이는 커피를 보며 '아, 나도 그 시간이 행복하구나!'라고 깨달은 모양이다.

그 말을 듣고 보니 나도 비슷했다. 다만 커피를 마시는 것보다 그 그윽한 향을 맡는 순간이 더 좋았다. 커피 향으로 하루를 시작하는 평범하지만 확실한 기쁨. 첫 모금을 머금고 있을 때의 그 온기가 몸 전체로 퍼져나가는 느낌, 그리고 잠시 후 따라오는 부드러운 쓴맛까지도 소중한 일상의 한 부분이다.

가족이 많아 하루가 바쁘고 할 일이 정말 많다. 그런 순간들 속에서 혼자만의 시간을 갖는 것이 얼마나 귀한지 느껴진다. 책을 읽거나, 놓친 드라마를 보거나, 집안 청소를 마치고 쇼파에 누워 깜박 잠을 자거나, 상차림 필요없이 나만 혼자 간단하게 밥을 먹거나… 이런 잠깐의 휴식들이 다시 일상으로 돌아갈 수 있는 힘을 준다. 때로는 아무것도 하지 않고 그저 창밖을 바라보는 시간조차 사치처럼 느껴지지만, 그런 빈 시간이야말로 내 마음을 채워주는 가장 소중한 순간들이다.

하루를 마무리하는 저녁이 되면 또 다른 행복이 기다리고 있다. 바로 아이들이 조잘대는 소리를 들을 때다. 그들의 순수한 웃음소리가 하루를 완성시킨다. 아이들의 목소리에는 어른들이 잃어버린 생동감과 호기심이 고스란히 담겨 있다. 하루 있었던 일들을 신나게 이야기하는 모습을 보면, 세상을 바라보는 그들의 맑은 시선이 나에게도 전해진다.

물론 아이들이 전하는 이야기가 항상 즐거운 것만은 아니다. 사회생활의 크고 작은 갈등, 상사에게 인정받지 못하는 좌절감, 흔들리는 자존감까지. 그들의 문제를 단번에 해결할 수 있는 해결사는 아니지만, 고민을 함께 나누는 것만으로도 깊은 만족감을 느낀다. 때로는 내가 해줄 수 있는 조언이 부족해 보일 때도 있지만, 그저 곁에서 들어주는 것만으로도 충분하다는 걸 알고 있다. 아이들의 마음이 조금이라도 가벼워진다면 그것만으로도 의미 있는 시간이다.

이런 순간들이 더욱 의미 깊게 느껴지는 이유가 있

다. 젊은 시절, 나는 부모님과 이런 시간을 나누지 못했다. 진로도, 인간관계도 혼자서 알아서 결정하고 해결해야 했다. 불안하고 두려운 감정들을 안고 서투른 어른으로 자라났다. 그렇기에 지금 아이들과의 평범한 대화 시간들이 더욱 값지다. 내가 받지 못했던 따뜻한 관심과 공감을 아이들에게 줄 수 있다는 것, 그리고 그들이 그것을 자연스럽게 받아들이는 모습을 볼 때마다 마음 한편이 치유되는 기분이다.

과거의 아쉬움이 이제는 성장의 밑거름이 되었다. 그 경험들이 더 나은 부모로, 더 나은 사람으로 만들어주었다는 사실에 감사함을 느낀다. 상처였던 것들이 이제는 다른 이를 이해하고 보듬을 수 있는 힘이 되어주었다.

주말이면 남편과 함께 강화도 교동섬으로 향한다. 바쁜 일상에서 벗어나 바람에 흔들리는 나뭇잎 소리와 새들의 지저귐이 일상의 무게를 덜어내는 그곳에서 작은 텃밭을 가꾸고 있다. 도시의 매연과 소음에서 벗어나 자연 속에 몸을 맡기는 순간, 평소 굳어있던 어깨가 절로 풀리고 마음도 한결 가벼워진다.

교동섬은 사계절 모두 아름답다. 봄의 새싹, 여름의 푸르름, 가을의 수확, 겨울의 고요함까지. 계절마다 다른 매력을 선사하는 이곳에서 자연의 리듬을 따라 살아가는 법을 배운다. 문득 도깨비 드라마의 대사가 떠오른다.

"너와 함께한 모든 시간들이 눈부셨다. 날이 좋아서, 날이 좋지 않아서, 날이 적당해서 모든 날이 좋았다."

교동섬에서의 시간이 바로 그렇다. 햇살 좋은 날에는 더욱 반짝이고, 흐린 날에는 그 나름의 운치가 있으며, 평범한 날에도 충분히 아름답다. 비가 오는 날이면 빗소리를 들으며 차 한 잔을 마시고, 눈이 오는 날이면 하얀 세상에 감탄하며 조용히 걷는다.

올해 수확한 고구마는 특히 자랑스럽다. 작년에 굼벵이에게 빼앗겼던 아쉬움을 딛고 더욱 정성스럽게 키운 결과였다. 한 뿌리 한 뿌리 정성스럽게 심고, 매주 물을 주고 잡초를 뽑아주던 시간들이 모두 달콤한 결실로 돌아왔다. 늘 받아먹기만 하던 친구에게 고구마를 보냈더니 며칠 뒤 메시지가 왔다.

"내년부터 아예 한 고랑 심어달라. 고구마가 이렇게

맛있어도 되는 거냐?"

그 순간 얼굴에 번진 미소를 지울 수 없었다. 손으로 정성껏 가꾼 것들이 누군가에게 이렇게 큰 기쁨을 줄 수 있다니. 고구마 한입을 베어 물 때마다 그동안의 노력과 정성, 그리고 이곳에서 보낸 모든 순간들이 달콤하게 되살아난다. 흙냄새, 햇살의 따스함, 남편과 나눈 소소한 대화들까지 모든 것이 그 달콤함 속에 녹아있다.

이렇게 하루하루를 보내며 생각해보니 행복은 거창한 곳에 있지 않다. 아침 커피 향에서 시작해서 아이들의 웃음소리로 채워지고, 주말이면 남편과 함께 흙을 만지며 마무리되는 평범한 일상 속에 있다. 어쩌면 우리는 늘 행복을 멀리서 찾으려 하지만, 사실 그것은 바로 지금 여기, 우리 곁에 머물고 있는지도 모른다.

어쩌면 행복이란 특별한 순간을 기다리는 것이 아니라, 지금 이 순간들을 온전히 느끼고 받아들이는 마음가짐인지도 모르겠다. 바쁘고 복잡한 하루 속에서도 잠깐씩 찾아오는 이런 소중한 순간들을 놓치지 않으려 한다.

때로는 의식적으로 속도를 늦추고, 지금 이 순간에 집중하려 노력한다. 그럴 때마다 평범해 보였던 일상이 얼마나 소중하고 아름다운지 새삼 깨닫게 된다.

그것이 내가 찾은 행복의 모습이다. 크지 않지만 확실하고, 화려하지 않지만 따뜻한 일상의 작은 기쁨들. 이 단순한 진실이 매일을 살아가는 이유가 되어준다. 그리고 이런 작은 행복들이 모여 결국 인생이라는 큰 그림을 완성해나간다는 것을, 이제는 확신한다.

2. 힘들었던 과거가 나를 강하게 만들었다

 어릴 적 주민등록 등본을 보면 주소를 이리저리 많이도 옮겨 다닌 흔적들이 있다. 초등학교 2학년쯤부터 정착한 시골 동네 안에서도 몇 년에 한 번씩 여러 집을 옮겨 다니며 살았다. 때로는 학교에서 돌아오면 집이 바뀌어 있었다. 아침에 나갈 때와 다른 집으로 들어가야 하는 당황스러움, 새로운 방의 냄새와 벽지, 다른 모양의 창문을 통해 들어오는 낯선 햇살까지 모든 것이 혼란스러웠다.

 덕분에 그 동네를 골고루 경험한 셈이 되었지만, 매번 새로운 집으로 이사할 때마다 낯선 환경에 적응해야 했고, 그 과정은 큰 스트레스였다. 친해질 만하면 또 다른 곳으로 떠나야 하는 반복된 경험은 어린 나에게 '정착'이라는 개념 자체를 모호하게 만들었다. 집이라는 것이 언제든 사라질 수 있는 임시적인 공간이라는 생각이 깊숙이 박혔다.

아버지가 일을 잘 안 하셔서 경제적인 어려움이 더욱 심했다. 아버지는 젊은 시절 화려했던 삶을 정리하고 무기력한 가장이 되어 나에게 불안과 슬픔을 유산으로 물려주었다. 가끔 술에 취해 옛날 이야기를 하실 때면, 그때의 자신과 지금의 현실 사이의 간극에서 오는 절망감이 고스란히 전해졌다. 그런 아버지를 보며 어린 마음에도 '어른이 되는 것이 이렇게 힘든 일인가'라는 두려움이 생겼다.

엄마는 우리 가족의 생계를 책임져야 하니 새벽에 나가 밤늦게야 돌아오셨고, 철없는 남동생 둘의 끼니를 챙겨야 하는 것도 불만이었다. 엄마가 없는 오후 시간, 배고파하는 동생들을 달래며 저녁을 먹는것이 일상이었다. 친구들이 놀자고 찾아와도 집에서 동생들을 돌봐야 했다. 그런 책임감이 때로는 나를 일찍 어른스럽게 만들었지만, 동시에 내 나이에 맞는 즐거움들을 포기해야 한다는 서러움도 컸다.

월세 집에서 사는 것이 부끄러웠고, 늘 안집(주인)아줌마의 눈치를 봐야 했다. 화장실을 갈 때도, 수돗물을 쓸 때도 모든 일상이 조심스럽고 위축되었다. 특히 친구들이 놀러 오고 싶다고 할 때마다 핑계를 대며 거절해야 했다. 우리가 살던 좁은 방한칸을 다른 사람들에게 보여주고 싶지 않았다.

그러다 보니 친구들에게는 집 이야기를 하고 싶지 않았다. 우리집이 가난하다는 것을 들키고 싶지 않아서 밖에서는 늘 당당하고 어른들께는 싹싹하게 행동했다. 마치 연기를 하듯 밝고 씩씩한 아이인 척했다. 가끔 친구들이 집에 대한 이야기를 할 때면 적당히 맞장구를 치거나 화제를 다른 곳으로 돌리는 데 능숙해졌다. 하지만 집에 돌아오면 그 현실이 짜증나고 불만스러웠다. 왜 우리만 이렇게 살아야 하는지, 다른 친구들처럼 넓고 따뜻한 집에서 살 수는 없는 건지 원망스러웠다.

집에 오면 불만이 가득한 얼굴로 말도 하지 않고 내 할 일만 하니, 가끔 그런 내 눈치를 보던 아버지 얼굴이 생각난다. 지금 생각해보면 아버지도 많이 힘드셨을 텐데, 당시에는 그저 무능하고 답답한 어른으로만 보였다. 내가 차갑게 대할 때마다 아버지의 어깨가 조금씩 더 움츠러드는 것을 보면서도, 마음의 여유가 없었던 어린 나는 그저 외면할 뿐이었다.

이런 환경은 어린 마음에 깊은 상처를 새겼고, 유년 시절은 늘 '불행하다'는 생각의 그림자 속에서 살았다. 다른 아이들이 당연하게 누리는 것들 - 안정된 공간, 따뜻한 식사, 부모의 관심 - 이 모든 것이 나에게는 사치처럼 느껴졌다. 불안정한 환경 속에서 미래에 대한 특별한 꿈이나 희망을 가지기 어려웠다. 친구들이 자신의 장래에 대해 이야기할 때, 그저 빨리 어른이 되어 돈을 벌고 싶다는 생각만 했다. 의사나 선생님 같은 구체적인 직업보다는, 그냥 '돈을 많이 버는 사람'이 되고 싶었다.

경제적인 안정이 가장 큰 목표였고, 이를 이루기 위한 방법도 잘 모른 채로 어른이 되어갔다. 하루빨리 경제적으로 독립해야 한다는 것이 내 인생의 유일한 목표였다.

다행히 사회생활을 시작하면서 괜찮은 회사에 다니게 되었고, 그곳에서 지금의 남편을 만났다. 남편과 사귀면서 결혼생활이 어떨지, 우리가 잘 맞을지에 대한 깊은 고민은 솔직히 별로 하지 않았다. 그보다는 어려웠던 친정을 떠날 수 있다는 마음이 더 컸다. 그 현실이 싫어서 하루빨리 벗어나고 싶었고, 결혼이 그곳에서 탈출할 수 있는 길이라고 생각했다. 당시에는 그것이 최선의 선택이라고 믿었다.

서둘러 결혼을 결정했지만, 다행히 성실하고 현명한 사람을 만난 덕분에 안정된 삶을 살 수 있게 되었다. 그토록 싫었던 남의집살이를 결혼 후에는 해본 적이 없으니, 유년 시절에 모든 불행을 다 겪은 것 같다는 생각도 들었다. 처음으로 내 이름으로 된 집에서 살게 되었을 때의 그 감격을 잊을 수 없다. 아무에게도 눈치 보지 않고 물을 마시고, 큰 소리로 웃고, 친구들을 초대할 수 있다는 것이 얼마나 소중한지 절실히 느꼈다.

하지만 마음 한구석에는 여전히 낮은 자존감이 뿌리 깊게 자리 잡고 있었다. 어려웠던 어린 시절의 기억들이 자신감 없는 어른으로 만들어버린 것 같았다. 사람들과 만날 때마다 작아지는 기분이었고, 내 의견을 당당히 말하기보다는 다른 사람들의 눈치를 보며 살았다. 특히 경제적으로 여유로워 보이는 사람들 앞에서는 더욱 위축되었다. 겉으로는 평범해 보이려 애썼지만, 속으로는 항상 '들킬까봐' 전전긍긍했다.

시간이 흐르고 아이들을 키우면서, 나는 내 어린 시절과는 다른 환경을 만들어주려고 노력했다. 아이들에게는 안정된 공간과 충분한 관심을 주고 싶었다. 내가 받지 못했던 것들을 아이들에게는 주고 싶었다. 하지만 때로는 과도하게 보호하려 들거나, 경제적인 부분에 대해 지나치게 민감하게 반응하는 내 모습을 발견하기도 했다.

아이들이 자라면서 나에게 어린 시절 이야기를 물어볼 때면, 어떻게 대답해야 할지 고민이 된다. 너무 솔직하게 말하면 아이들에게 상처가 될까 걱정되고, 그렇다고 거짓으로 포장하고 싶지도 않다. 그래서 조금씩, 아이들이 이해할 수 있는 선에서 진실을 이야기해주려 한다. 어려웠지만 그 덕분에 지금의 소중함을 더 잘 알게 되었다고, 모든 경험이 나를 강하게 만들어주었다고 말해준다.

그래도 이제는 안다. 그 어려웠던 시간들이 헛되지 않았다는 것을. 경제적 안정을 이루었고, 따뜻한 가정을 꾸렸으며, 무엇보다 살아남았다는 것만으로도 충분히 의미 있는 일이었다. 과거의 나는 불행하다고 생각했지만, 지금의 나는 그 모든 경험들이 나를 더 단단하고 현실적인 사람으로 만들어주었다고 믿는다. 쉽게 포기하지 않는 끈기와, 작은 것에도 감사할 줄 아는 마음, 그리고 진짜 중요한 것이 무엇인지 아는 분별력까지도 모두 그때의 경험에서 나온 것들이다.

때로는 과거를 원망하고 싶을 때도 있지만, 그 모든 것이 지금의 나를 만든 소중한 밑거름이었다는 사실만큼은 분명하다. 어려웠던 과거는 이제 나의 약점이 아니라 강점이 되었다.

3. 50대, 드디어 내가 빛나기 시작했다

결혼 후 이십여 년이 지난 50대 초반, 남편과 함께 운영하는 회사에서 조금씩 변화가 시작되었다. 처음에는 단순히 서류 정리나 간단한 업무를 담당했지만, 시간이 지나면서 뭔가 나만이 할 수 있는 영역을 찾아 남편을 돕고 싶다는 마음이 커졌다.

그러던 중 정부 지원사업들을 살펴보게 되었다. 작은 회사에 도움이 될 만한 사업들을 찾아 꼼꼼히 준비했고, 몇 차례 지원한 끝에 처음으로 선정되었을 때의 기분은 지금도 잊을 수 없다.

그 이후 지원사업 준비에 점점 자신감이 붙었고, 결과

적으로 여러 번의 선정 소식을 들을 수 있었다. 예전 같으면 '나 같은 사람이 뭘 할 수 있겠어'라고 생각했을 텐데, 실제로 해낼 수 있다는 것이 신기했다.

하지만 2019년, 예상치 못한 시련이 찾아왔다. 코로나19로 세상이 뒤바뀌면서 우리 회사도 큰 타격을 받았다. 주력 사업이었던 오프라인 판매가 거의 멈춰버렸고, 매출은 급격히 떨어졌다. 남편은 밤잠을 이루지 못했고, 나 역시 막막하기만 했다.

'이대로 문을 닫아야 하나?' 하는 생각이 머릿속을 맴돌 때, 문득 온라인 판매의 필요성이 절실하게 다가왔다. 하지만 막상 시작하려니 막막했다. 컴퓨터도 서툴고, 온라인 쇼핑몰이 어떻게 돌아가는지도 잘 몰랐다.

그래도 포기할 수는 없었다. 유튜브를 보며 하나씩 배우고, 모르는 건 직접 전화해서 물어가며 온라인몰을 만들어나갔다. 상품 사진 찍는 법부터 배송 시스템까지, 모든 게 새로웠다. 며칠 밤을 새우고 나서야 겨우 기본 틀이 완성되었다.

처음에는 주문이 하루에 한두 건씩 들어왔다. 그 작은 주문 하나하나가 얼마나 소중했는지 모른다. 포장도 정성스럽게 하고, 손편지도 넣어보냈다. 점점 주문이 늘어나면서 매출도 서서히 회복되기 시작했다.

위기가 기회가 된다는 말을 몸소 체험한 순간이었다. 온라인 판매 덕분에 코로나19 위기를 극복할 수 있었고, 이 경험을 통해 나 자신에 대한 믿음도 한층 깊어졌다.

50대 초반이 되면서 사람들과의 관계에서도 변화가 나타났다. 예전에는 어려웠던 과거 때문에 어깨가 움츠러들었다면, 이제는 조금씩 가슴을 펴고 나의 경험과 생각을 이야기할 수 있게 되었다. 사람의 가치가 과거의 환경이나 남들의 시선으로 결정되는 것이 아니라는 걸 조금씩 깨달아가고 있었다.

50대에 들어서면서는 내 안의 목소리에 귀 기울이게 되었다. 예전에는 다른 사람들의 시선과 평가에 마음이 흔들렸다면, 이제는 '내가 정말 원하는 것이 무엇인가?'를 먼저 생각하게 되었다.

그런 변화 속에서 50대 후반, 교회 문화센터에서 열린 책쓰기 클래스를 통해 책쓰기에 참여하게 되었다. 처음에는 '내가 무슨 이야기를 쓸 수 있을까?' 하며 망설였다.

하지만 평범한 일상과 경험들도 누군가에게는 의미 있는 이야기가 될 수 있다는 생각이 들었다.

책을 쓰는 과정에서 하나님을 어떻게 만났는지, 회사를 하게 된 배경, 주말에 쉼터 이야기 등을 담아냈다. '우리의 인생 수업'이라는 공저에 참여할 수 있었고, 출판기념회에서 사람들이 그 이야기에 관심을 보이는 모습을 보며 감사한 마음이 가득했다.

책을 쓰고 나니 뭔가 달라진 기분이었다. 예전에는 자신을 초라하게 여겼는데, 이제는 당당하게 자신의 이야기를 할 수 있게 되었다. 사람들 앞에서 말하는 것도 더 이상 부담스럽지 않았고, 오히려 즐겁게 느껴졌다.

수많은 이야기들을 썼다 지웠다 하면서 감정적 셀프치유 Self-healing가 된것이다.

그런 변화는 일상의 모든 영역으로 퍼져나갔다. 지인들이 교동도에 놀러 왔을 때도 자연스럽게 그 동네 이야기를 들려주게 되었다. 예전 같으면 '별거 없는 곳'이라며 소극적으로 대했을 텐데, 이제는 자신 있게 안내할 수 있었다.

도착하자마자 오늘 돌아볼 장소들을 전체적으로 브리

핑했다.

"먼저 월선포에서 시작해서 박두성 선생님 생가를 둘러보고, 마지막에 120여 년 역사의 교동교회까지 가보겠습니다."

그리고 박두성 선생님에 대해 설명했다.

"일제시대 때 우리나라 맹인들은 일본어로 된 점자를 배워야 했어요. 이를 안타깝게 여긴 박두성 선생님이 일본인들의 눈을 피해 밤마다 몰래 우리말 점자책인 훈맹정음을 만드셨답니다. 정말 위대한 분이시죠."

사람들이 "너무 재미있다", "교동 전문 가이드로 활동해보라"며 칭찬했다. 그 중에서도 "어쩜 이렇게 반짝반짝 빛이 날까~"라고 말해주던 그 한마디는 마음속 깊은 곳에 차곡차곡 쌓여갔다.

지금은 이전과는 다른 자신감으로 살아가고 있다. 남들과 비교하지 않고, 내 목소리에 귀 기울이며, 새로운 도전을 두려워하지 않는다. 늦었다고 생각할 때가 가장 빠른 때라는 말을 실제로 경험할 수 있다는 것이 감사하다.

4. 세월이 조각해낸 진짜 아름다움

젊은 시절, 회사에서 불리던 "미스 현"은 말 한마디 건네기가 힘든 사람이었다. 좀 거만했나? 깐깐했나? 세월이 흐르고 생각해보니 사실은 자신감 부족과 낮은 자존감에서 오는 역기능적인 행동들이었다. 동료들이 농담을 건넬 때도 어떻게 반응해야 할지 몰라 어색하게 웃거나 경계했다.

그때는 거울을 보면서도 늘 아쉬움이 많았다. 화장을 해도 뭔가 어색하고 자연스럽지 못한 것 같았고, 예쁜 동료들과 함께 있으면 위축되는 기분이었다.

얼마전 퇴근길에 즐겨듣는 세바시 강연에서 김창옥님

의 말에 빵 터졌다.

"여러분! 예쁜 여자 오래 가나요 못 가나요?
오래 못 갑니다. 이쁜 것들은 오~래 못 갑니다.
그런데 안 이쁜 것들은요?
아~예 못갑니다!"

이 말을 듣는 순간 정말 유쾌하게 웃었다. 그렇다면 나는 어디에 속할까? 웃으면서도 한편으로는 씁쓸했지만, 적어도 이런 현실을 유머로 받아들일 수 있게 된 것만으로도 성장이라고 생각했다. 예전 같았으면 이런 농담에도 상처받았을 텐데 말이다.

자신감도 부족하고 내세울 것도 없다고 생각해서 연애도 결혼도 쉽지 않을 줄 알았는데, 웬걸 다니던 회사에서 제일 잘생긴 남자와 결혼을 했다. 처음 그가 나에게 관심을 보일 때도 믿어지지 않았다. '나 같은 사람에게 왜?' 하는 의구심이 먼저 들었고, 혹시 장난이나 내기는 아닌지 의심하기도 했다. 하지만 그의 진심 어린 고백과 꾸준한 관심에 마음을 열게 되었고, 결국 결혼까지 하게 되었다.

그런데 이 행운이 오히려 독이 되었다. 한동안 그 잘생긴 남편 때문에 외모가 더 비교되어 후회한 적도 많았다. 길을 걸을 때마다 사람들의 시선을 의식했고, '저 예쁘지 않은 여자가 어떻게 저런 남자와 결혼했을까' 하는 시선을 받는 것 같아 위축되었다.

그래서 마치 복수라도 하듯이 독설을 퍼부었다.

"얼굴만 잘생기면 뭐하냐! 먹고 살 능력이 중요하지! 벌어온 돈 몽땅 부모님한테만 드리고, 어떻게 살라는 거냐, 이 빛 좋은 개살구야!"

기어코 남편의 가슴에 비수를 꽂는 일도 서슴지 않았다. 지금 생각해보면 얼마나 잔인한 말이었는지 모른다. 내 콤플렉스를 남편에게 화풀이한 셈이었다. 그때는 그런 말을 하면서도 왜 이러는지 스스로도 이해할 수 없었다.

시간이 흘러 그 말에 엄청난 충격을 받았다는 남편의 고백을 들었다. 진심으로 사과했지만, 오히려 남편은 그 말로 인해 진짜로 '빛 좋은 개살구'가 되지 않기 위해 죽을힘을 다해 열심히 살았다고 했다.

아픈 말이 때로는 성장의 동력이 되기도 한다는 것은 참으로 다행이고 고마운 일이다. 남편은 그 말을 듣고 더욱 열심히 일했고, 가정에도 더 신경을 쓰게 되었다고 했다. 상처를 주려던 말이 오히려 우리 가정을 더 단단하게 만든 셈이다.

결혼 생활이 안정되고 아이들이 생기면서 조금씩 변화가 시작되었다. 아이들을 키우는 과정에서 외모보다 더 중요한 것들이 많다는 것을 깨달았다. 아이들은 엄마의 얼굴이 예쁘고 안 예쁘고를 따지지 않았다. 그저 따뜻하게 안아주고, 맛있는 밥을 해주고, 재미있는 이야기를 들려주는 엄마를 사랑했다. 아이들의 순수한 사랑을 받으면서 조금씩 자존감을 회복해갔다.

얼마 전, 어린 시절 친구와의 재회에서 흥미로운 일이 있었다. 그 친구가 옆에 있던 남편에게 이렇게 말했다.

"이 친구 얼굴이 진화했어요! 어릴 때는 이렇게 예쁘지 않았는데 많이 예뻐진 거예요!"

그 말에 한바탕 웃음을 터뜨리며 쿨하게 인정할 수 있

었다. 이 변화는 스스로도 느끼는 사실이기 때문이다. 외모가 특별히 달라져서가 아니라, 내면에서 자신을 사랑하고 인정해주면서 생긴 자신감 덕분인 것 같다. 예전 같았으면 그런 말에 상처받거나 어색해했을 텐데, 이제는 그저 웃어넘길 수 있게 되었다. 친구도 악의가 있어서 한 말이 아니라는 것을 알고, 오히려 변화를 인정해준 것에 고마웠다.

가끔 아이들이 엄마 아빠를 놀리며 "아랍 두부상" 커플이라고 한다. 아빠는 아랍 사람처럼 이목구비가 뚜렷한데, 엄마는 두부처럼 두루뭉술 밋밋하다는 의미다. 이제는 그런 농담도 유머로 받아들이게 되었다. 이렇게 웃을 수 있다는 것, 그것만으로도 얼마나 많이 변했는지 알 수 있다. 아이들의 그런 농담에 오히려 "엄마는 두부라서 부드럽고 건강에 좋다"고 맞받아치기도 한다. 가족들과 함께 웃을 수 있는 이런 순간들이 얼마나 소중한지 모른다.

어릴 적 엄마에게서 들었던 말이 떠오른다. "어린 나이에 하늘나라에 간 오빠가 자주 하던 말이 '얘는 얼굴이 안 예쁘니 머리라도 좋아야 할 텐데…'라고 했다"는 말은 깊은 상처가 됐다. 거울을 볼 때마다 이마, 눈, 코, 입술 하나하나가 마음에 들지 않았다. 그 말을 들을 때마다 '역시 나는 부족하구나'라는 생각이 더욱 확고해졌다. 엄마는 별생각 없이 한 말이었겠지만, 어린 마음에는 큰 상처로 남았다.

하지만 신기하게도 나이가 들어감에 따라 외모는 조금씩 변화해왔다. 이마의 머리숱이 줄어들어서 이마가 넓어지고, 뭉뚝했던 코는 오히려 오똑하게 변했고, 두툼하다고 생각했던 입술도 요즘 트렌드로 보면 그닥 두껍지 않다는 것을 깨달았다. 살이 빠지면서 얼굴 윤곽도 더 또렷해졌고, 화장법을 익히면서 눈도 더 커 보이게 만들 수 있게 되었다.

몇 년 전 치과의사가 한 말이 생각난다.

"젊어서 입이 좀 나오셨지요? 그런데 이제 나이를 먹으니 나왔던 입이 오히려 남들보다 덜 들어간 것처럼 보여서 동안이신 거예요."

웃어야 할지 울어야 할지… 젊은 시절 그 돌출된 입 때문에 얼마나 자신감이 떨어졌었는데. 시간이 콤플렉스를 장점으로 바꿔준 셈이다. 나이가 들면서 입 주변 살이 빠져 오히려 자연스러워 보이게 된 것이다. 정말 신기한 일이 아닐 수 없다. 세월이 약이라는 말이 나에게도 쓰일 줄이야.

이제야 깨달았다. 외모가 가치나 능력을 결정짓지 않는다는 사실을. 진정한 아름다움은 자신을 사랑하고 받아들이는 마음에서 시작된다는 것을. 거울을 보며 불만스러워하던 예전과 달리, 지금은 그저 있는 그대로의 내 모습을 받아들이고 사랑하려 한다.

어느 날 남편과 식당에서 밥을 기다리고 있었다. 나보다 늦게 온 손님이면서도 주인이 우리에게 먼저 음식을 주려 하자, 옆 테이블 여자가 "내가 먼저 왔는데 왜 저 사람들을 먼저 주냐!"며 짜증스런 말투로 여러 번 항의하는 모습을 보았다. 그 여자는 외모는 꽤 괜찮아 보였지만, 그 순간 전혀 아름답게 보이지 않았다.

그 순간 다짐했다. 그런 일이 생긴다면 조금 양보하고 배려하는 어른이 되어야겠다고. 외모에만 신경 쓰는 사람이 아닌, 내면의 안정된 정서와 품성을 갖춘 사람이 되어야겠다고. 화를 내는 그 여자의 모습을 보며, 아름다운 외모도 순간의 감정 조절 실패로 인해 추해질 수 있다는 것을 깨달았다.

최근에는 주변 사람들로부터 "편안해 보인다", "자연스럽다", "따뜻해 보인다"는 말을 자주 듣는다. 예전에 듣고 싶어했던 "예쁘다"는 말보다 이런 말들이 훨씬 더 기쁘다. 사람들이 내 겉모습이 아닌 내면에서 우러나오는 무언가를 보고 하는 말이라는 생각이 들기 때문이다.

나이가 들면서 주변에 비슷한 고민을 가진 사람들과 이야기할 기회가 많아졌다. 모든 여성들이 어느 정도는 외모에 대한 콤플렉스를 가지고 있다는 것을 알게 되었다. 심지어 내가 예쁘다고 생각했던 사람들도 자신만의 고민이 있었다. 그때 깨달았다. 완벽한 외모란 존재하지 않으며, 중요한 것은 자신을 어떻게 바라보느냐는 것이라고.

어느 속담처럼 '외모는 신이 결정하고, 옷은 재력이 결정하고, 품성은 의지가 결정한다'고 했다. 50대 후반, 이제는 품성을 키우며 살아가기를 의지를 가지고 노력하려

한다. 매일 아침 거울을 보며 '오늘도 좋은 하루 보내자'고 인사하고, 다른 사람들에게 따뜻한 말 한마디를 건네려 노력한다.

시간이 그려준 얼굴. 그것은 단순히 주름이 늘어나고 살이 처지는 것이 아니라, 살아온 날들의 경험과 성찰이 만들어낸 진짜 나의 모습이다. 웃음으로 생긴 눈가 주름, 고민할 때 생긴 미간의 선, 아이들을 위해 애쓰며 생긴 팔자 주름까지도 모두 내 인생의 증거다. 그리고 그 얼굴이, 지금의 나는 참 마음에 든다.

이제는 거울을 보며 '참 많이 예뻐졌다'고 말할 수 있다. 외모가 바뀌어서가 아니라, 나를 바라보는 시선이 달라졌기 때문이다. 그리고 이것이야말로 세월이 선사해준 가장 큰 선물이라고 생각한다.

5. 어린시절의 꿈을 50대에 다시 꺼내다

남편의 핸드폰에 저장된 나의 닉네임은 "현모양처"다. 그는 "말하는 대로 이루어진다"는 간절한 바람으로 몇 년째 이 닉네임을 고수하고 있다. 그 모습을 보며 남편의 바람대로 살아줘야겠다는 마음을 먹곤 했다.

사실은 몇 년 전, 어릴 적 꿈 이야기를 해준 후 남편이 닉네임을 바꿨다.

초등학교 6학년, 친구들 앞에서 꿈을 발표하는 시간이었다. "대통령이 되고 싶다", "군인이 되고 싶다", "선생님이 되고 싶다" - 친구들은 자신감 있게 말했지만, 나는 머뭇거리다가 약간의 농담을 섞어 대답했다.

"현모양처가 되고 싶어요!"

그 이유로 "나는 이미 현씨 성을 가진 엄마가 될 테고, 양띠의 아내가 될 테니까!"라는 농담을 덧붙였다. 사실 그때 가장 많이 읽던 책이 이순신이나 신사임당 이야기였다. 갑자기 생각난 신사임당처럼 되고 싶다는 마음을 그렇게 표현한 것 같다. 어린 마음에도 결혼은 꼭 하고 싶었던 모양이다.

당시엔 단순한 유머였지만, 지금 돌아보면 그 속에 진짜 바람이 담겨 있었다. 가족을 이루고 사랑하는 사람과 함께하는 삶을 꿈꿨던 것이다.

얼마 전 친구에게서 놀라운 말을 들었다.

"은정아, 너 예전에 아나운서가 되고 싶다고 했던 거 기억나?"
"내가 그랬어? 난 기억이 안 나는데…그랬구나!"

기억이 되살아났다. 수업 시간마다 선생님들이 책 읽기를 자주 시켜주셨는데, 친구들 앞에서 또박또박 읽는 내 모습이 좋았다. 집에 돌아오면 다음 날 시간표를 보고 미리 책을 읽어보며 놀았던 순간들이 떠올랐다.

중학교 시절 교무실에 가면 선생님들이 "은쟁반에 옥구슬 왔냐"며 반겨주셨다. "목소리도 예쁘고 책도 잘 읽는다!"는 칭찬에 더 잘하고 싶어서 거의 모든 과목의 책을 열심히 읽는 연습을 했다. 지금 생각해보면 제법 귀여운 구석이 있었다.

그런데 시간이 지나면서 현실과 마주하게 되면서 꿈은 점점 멀어지기만 했다. 아나운서라는 꿈은 어린 시절의 순수한 열망이었지만, 현실 앞에서 꺾여버렸다.

그래서 현실적인 선택을 했다. 꿈보다는 당장 경제적 독립이 더 중요했고, 안정적인 직장을 구하는 것이 우선이었다. 지금 생각해보면 내 의지 부족이었는데, 그때는 깨닫지 못했다.

경제적 독립을 선택한 덕분에 점차 삶이 편안해졌다. 동료들과 주말마다 여행을 다니고, 퇴근 후에는 운동을 하며 그 생활이 점점 즐거워졌다.

하지만 잠자리에 들 때면 가슴 한편이 묵직했다. 분명 원하던 생활을 하고 있는데, 왜인지 모를 공허함이 스며들었다. 무언가 중요한 것을 뒤로 미뤄둔 채 살고 있는 것 같았다.

어릴 적 꿈꿨던 것들, 정말 하고 싶었던 일들이 안전한 일상 뒤편에서 여전히 나를 부르고 있었다. 경제적 안정은 얻었지만, 내 안의 또 다른 갈증은 여전히 목말라하고 있었다.

편안함 속에서도 느끼는 이 아쉬움은 무엇일까. 안정된 현실과 간직해온 꿈 사이에서, 나는 여전히 선택의 기로에 서 있었다.

그 후 지금의 남편을 만나 결혼하면서, 꿈의 조각들을 마음 한편에 조용히 묻어두었다. 하지만 가끔씩 잊고 있던 그 꿈들이 마음속 깊은 곳에서 다시 꿈틀거리는 것을 느꼈다.

언제부터인가 사람들 앞에서 말하는 것도 좋아하게 되었다. 2018년부터 회사에서 정부 지원사업 프로젝트가 있을 때 심사위원들 앞에서 사업계획서나 결과보고서를 발표하는 역할을 맡게 되었다.

시제품 금형 지원사업부터 시작해서 자동화 라인지원, 노후 생산시설 현대화지원, 각종 인증 지원사업까지. 지난 7년 동안 총 2억 원 가까운 규모의 다양한 프로젝트들을 성공적으로 수행해왔다. 처음에는 떨렸지만, 회사의 기술력과 비전을 논리적으로 설명하고 심사위원들의 까다로운 질문에 하나하나 답해나가는 과정이 점점 즐거워졌다.

특히 기억에 남는 것은 노후생산시설 현대화 지원사업 발표 때였다. "새로운 설비로 교체할 경우 어떤 효율성을 얻을 수 있는지 구체적으로 설명해보세요"라는 심사위원의 질문에 준비한 자료를 바탕으로 명확하게 답할 수 있었다. 그 순간 어릴 적 꿈꿨던 아나운서의 모습이 겹쳐 보였다.

사업 승인 결과를 받을 때마다 느끼는 그 성취감은 특별했다. 단순히 돈을 받은 것이 아니라, 우리 회사의 가치를 인정받았다는 뿌듯함이었다. 이런 경험들을 통해 내가 가진 소통 능력과 설득력이라는 재능을 다시 발견하게 되었다.

7년간 꾸준히 다양한 지원사업을 성공적으로 이끌어 본 이 경험들이 나를 다시 꿈꾸게 만들었다. 제조업 현장의 문제점을 파악하고, 해결 방안을 제시하며, 정부 정책과 연결해 설명하는 일련의 과정들. 해를 거듭할수록 발표 실력이 늘어가는 것을 스스로도 느낄 수 있었다. 혹시 이것이 내가 정말 잘할 수 있는 일이 아닐까 하는 생각이 들기 시작했다.

무엇보다 심사위원들 앞에서 발표할 때 느끼는 그 짜릿함이 어릴 적 꿈꿨던 아나운서의 모습과 너무도 닮아 있었다. 정확한 정보 전달, 설득력 있는 프레젠테이션, 청중과의 소통. 결국 나는 다른 형태로 그 꿈을 이미 실현하고 있었던 것이다.

이제 50대 후반이지만, 100세 인생으로 보면 반밖에 오지 않았다. 인생의 후반부가 시작된것이다.

특히 2018년부터 시작된 7년간의 프로젝트 발표 경험이 단순한 업무가 아니라 나의 숨겨진 재능을 꽃피우는 과정이었다는 것을 깨달았다. 앞으로의 인생을 설계하며 내 꿈을 향해 나아가도 결코 늦지 않음을 알게 되었다.

어느 분야가 될지는 모르지만, 강사가 되고 싶다는 생각이 든다. 제조업 지원사업이나 중소기업 경영 분야에서 쌓은 경험들을 나누고 싶다. 정부 지원사업을 처음 준비하는 기업들에게 실질적인 도움을 줄 수 있을 것 같다.

사업계획서 작성부터 발표 준비, 심사 과정에서의 노하우까지. 내가 시행착오를 겪으며 배운 것들이 다른 사람에게는 소중한 지침이 될 수 있을 것이다.

나의 이야기를 통해 누군가에게 아주 작은 울림이라도 줄 수 있다면, 그것이야말로 내가 진정으로 원하는 삶이다.

늦었다고 생각했던 시간들이 오히려 나를 더 단단하게 만들어주었다. 그 시간들은 헛되지 않았다. 모든 경험이 지금의 나를 만들었고, 이제 그 경험들을 바탕으로 새로운 꿈을 향해 나아갈 수 있다.

'아직 늦지 않았어'라는 작은 목소리에 귀 기울이며, 언젠가 다시 그 꿈을 이룰 수 있기를 바란다. 이제 나는 꿈을 향해 한 걸음씩 나아가고 싶다. 내 안에 잠재된 가능성을 발견하고, 그 가능성을 현실로 만들어가는 과정이 기대된다.

때로는 안전한 일상에 안주하고 싶은 유혹도 있지만, 내 안에 잠들어 있는 가능성을 포기할 수는 없다. 이제는 알겠다. 진정한 행복은 편안함에서 오는 것이 아니라, 자신다운 삶을 살아갈 때 찾아온다는 것을.

늦었다고 생각할 때가 가장 빠른 때라는 말처럼, 지금이라도 용기를 내어 묻어두었던 꿈을 다시 꺼내볼 때가 아닐까. 나의 진짜 이야기는 이제부터 시작이다.

6. 첫 번째 단독책을 쓰며 만난 진짜 나

책을 쓰라는 제안을 받았을 때, 마치 어둠 속에서 손으로 더듬어 찾던 전등 스위치를 발견한 기분이었다. 하지만 그것을 누를 용기가 없었다. 나는 평범한 일상을 살아가는 사람이었고, 특별한 이야기도 없었다. 매일 반복되는 루틴—아침 식사 준비, 아이들 출근과 등교, 집안일, 회사 업무, 그것이 내 인생의 전부였다.

내가 쓸 수 있는 글이 과연 누군가에게 의미가 있을까? 이런 의구심이 머릿속을 맴돌며, 그 앞에서 망설이기만 했다. 책이라는 것은 전문가나 유명한 사람들이 쓰는 것이라는 고정관념이 있었다. 나처럼 평범한 주부이자 직장인이 무슨 책을 쓴다는 말인가?

책쓰기 지도를 받기 시작했지만, 처음 몇 달은 고통의 연속이었다. 하루에도 몇 번씩 마음이 오락가락했다. 아침에 일어나 '오늘은 용기를 내어 써보자' 다짐하다가도, 저녁이 되면 '내가 뭘 안다고 글을 쓴다는 거지?'라는 자괴감에 빠져들었다.

때로는 노트북을 켜놓고도 한 줄을 쓰지 못한 채 시간만 흘려보내는 날도 있었다. "나 같은 평범한 사람의 이야기를 누가 읽고 싶어 할까?"라는 생각이 손가락을 굳게 만들었다. 글쓰기는 나를 치유하는 행위였지만, 동시에 나를 적나라하게 드러내는 일이기도 했다. 마치 나를 완전히 벗겨놓고 세상 앞에 서는 것 같은 기분이었다.

글을 쓰겠다는 의지와 '역시 무리야'라는 포기 사이에서 줄다리기를 반복했다. 하지만 지도해주시던 분의 지속적인 격려 속에서, 내 안에 숨겨진 이야기를 찾고 싶다는 갈망이 점점 커져갔다. 그분이 말씀하셨다. "작은 일상조차 누군가에게는 위로가 될 수 있다"고. 그 말씀이 내게는 큰 힘이 되었다.

책쓰기 지도를 받으면서 서서히 깨달았다. 글쓰기는

단순히 문자를 나열하는 것이 아니라, 내 안에 잠들어 있던 무언가를 깨우는 일이었다. 내면의 이야기들이 하나씩 모습을 드러내기 시작했다. 어린 시절의 기억들, 결혼 후의 경험들, 아이들을 키우며 깨달은 것들이 글 속에서 생생하게 되살아났다.

글을 쓰는 과정은 마치 고고학자가 유물을 발굴하는 것과 같았다. 기억 속 깊이 묻혀있던 소중한 순간들을 하나씩 꺼내어 의미를 부여하고, 그것들을 연결하여 하나의 이야기로 만들어가는 작업이었다. 때로는 쓰다가 눈물이 나기도 하고, 때로는 혼자 웃음이 터지기도 했다.

《우리의 인생 수업》 공저 출간, 그리고 출판기념회. 내가 쓴 평범한 일상이 사람들에게 감동을 주었다는 연락을 받았을 때, 비로소 내가 찾던 것을 발견했음을 느꼈다. 어둠 속에서 더듬거리던 시간이 끝나고, 희미하지만 확실한 빛이 보이기 시작했다. 출판기념회에서 독자들이 "저도 그런 경험이 있어요", "위로가 되었어요"라고 말해주었을 때의 그 감동을 잊을 수 없다.

이제 아이들은 노트북과 씨름하는 엄마의 모습을 신기

하게 바라본다. "우리 엄마 또 뭔가를 열심히 하네"라고 생각하는 것 같다. 이 나이에도 꿈을 향해 나아가는 모습을 보여주는 것, 그리고 평범한 사람들에게 희망을 주는 일이 내게는 큰 의미가 있다.

아이들에게도 보여주고 싶다. 나이는 꿈을 포기하는 이유가 아니라는 것을, 엄마도 계속 성장하고 도전하는 사람이라는 것을. 아이들이 어른이 되어서도 계속 새로운 것에 도전할 수 있는 용기를 갖기를 바란다.

이제 단독 출간을 앞두고 있다. 내 머릿속에는 새로운 질문들이 떠오른다.

"내가 이 글을 다 쓰고 나면, 나만의 퍼스널 브랜딩이 될 수 있을까?"

처음에는 의구심에서 시작된 이 질문이 이제는 희망의 빛으로 나를 이끈다. 단독 출간이라는 것은 온전히 내 이야기만으로 한 권의 책을 만드는 일이다.

내 이야기가 개인적인 기록에 그치지 않고, 나와 같은 평범한 사람들에게 용기를 주는 이야기가 되기를 꿈꾼다.

내가 겪은 망설임과 두려움, 그리고 그것을 극복해나가는 과정이 누군가에게는 희망의 메시지가 되기를 바란다.

책쓰기를 통해 나는 단순히 글 쓰는 사람이 아닌, 이야기를 나누는 사람이 되고 싶다. 강연을 하거나 워크숍을 열어서 "평범한 일상도 특별한 이야기가 될 수 있다"는 메시지를 전하고 싶다. 언젠가는 내가 겪었던 그 망설임 속에 있는 사람들을 만나 "괜찮다, 시작해봐도 된다"고 말해주고 싶다.

아이들이 성장해서 각자의 꿈을 찾아갈 때, 그들에게 "엄마도 이렇게 늦게 시작했지만 해냈어"라고 말할 수 있는 엄마가 되고 싶다. 내 책들이 우리 집 서재에 나란히 꽂혀있고, 아이들이 그 책들을 자랑스럽게 친구들에게 소개하는 모습을 상상한다.

책쓰기를 하다 보니 소중하지 않은 책이 없다는 것을 깨달았다. 책 한 권이 나오기까지는 내 영혼을 갈아 넣는 작업을 하게 된다. 책 속에는 삶이 담겨있고, 인생이 담겨있고, 삶의 지혜가 스며들어 있다는 것을 알게 되었다.

아이가 태어나기를 꿈꾸며 정성스럽게 태교를 하듯이, 좋은 책이 탄생하기를 바라며 오늘도 다시 읽고 또 다듬어

나간다. 그러다 보니 내 삶이 정리되고, 내가 몰랐던 지혜를 얻게 되며, 다양한 자료를 보면서 생각이 확장되고 성장하는 것을 느끼게 된다.

새로운 것에 도전하는 일은 결코 쉽지 않다. 하지만 무엇이든 시작하려면 용기가 필요하다. 그 용기는 두려움과 불안함 뒤에 숨어 있기 마련이다. 나도 아직 두렵다. 하지만 이제는 그런 두려움보다는 기대감이 더 크다.

언젠가 아이들이 "엄마, 다음엔 어떤 이야기를 쓸 거예요?"라고 물어보는 날이 올 것이다. 그때 아이들은 꿈을 쫓는 엄마를 자랑스러워할 것이고, 자신들도 각자의 길을 찾아 용기 있게 걸어갈 것이다.

어둠 속에서는 아무것도 볼 수 없지만, 작은 빛 하나만 있으면 온 세상이 달라진다. 바로 그것이 시작의 힘이다. 내가 처음 글을 쓰기 시작했을 때의 그 작은 용기가 이제는 이렇게 큰 변화를 만들어냈다.

나는 앞으로도 계속해서 이 작은 빛을 키워갈 것이다. 그리고 같은 망설임 속에 있는 누군가에게 말하고 싶다. 당신의 일상도, 당신의 이야기도 충분히 특별하다고. 그러니 용기를 내어 시작해보라고. 완벽하지 않아도 괜찮다. 중요한 것은 시작하는 용기다.

　내가 켠 이 작은 빛이 이제는 더 큰 불빛으로 번져나가기를 꿈꾼다. 나와 같은 망설임 속에 있는 사람들이 내 이야기를 통해 자신만의 길을 찾아 용기 있게 걸어가기를. 그래서 각자의 어둠 속에서 자신만의 빛을 발견하기를.

2장

책이 바꾼 우리 가족의 풍경

1. 남편이 책에 빠진날, 우리집에 웃음이 돌아왔다

 서른 해를 함께 산 남편에게서 새로운 얼굴을 발견한다는 것. 그것은 마치 오래된 집에서 숨겨진 방을 찾는 것과 같았다. 익숙함 속에 감춰진 낯설음, 일상 속에 잠들어 있던 가능성의 발견이다.
 내가 책쓰기에 몰두하며 독서에 빠져들자, 남편도 마치 경쟁이라도 하듯 책을 집어 들었다. 아니, 경쟁이라고 말했지만 그것은 사실 사랑의 다른 이름이었다. 나와 같은 세계에 머물고 싶어 하는, 나를 이해하려는 무언의 노력. 삼십년 부부만의 은밀한 소통이었을 것이다.

"나도 뭔가 해야겠는데."

처음엔 그런 가벼운 마음이었을 터다. 하지만 며칠 지나지 않아 그는 진짜로 빠져들기 시작했다. 경제 서적들을 골라 읽으며, 그 안에서 길을 찾으려 애쓰는 모습이 진지했다. 마치 자신의 삶을 다시 쓰려는 사람처럼 보였다.

퇴근 후 소파에 몸을 맡기고 TV 리모컨을 쥔 채 무심히 채널을 돌리던 그 손이, 이제는 조심스럽게 책장을 넘기고 있었다. 스마트폰 화면을 끝없이 스크롤하며 시간을 흘려보내던 그 눈이, 이제는 활자 위에서 오래도록 머물고 있었다.

시간이 정지한 듯한 저녁. 그는 소파 한편에 자리를 잡고 앉아 책을 펼치면, 마치 다른 차원으로 떠나는 것 같았다. 그 모습을 바라보는 나 또한 묘한 감동에 휩싸였다. 사랑하는 사람이 성장하는 모습만큼 아름다운 것이 또 있을까.

독서를 시작한 지 한 달쯤 되었을 때, 평소 과묵했던 그가 책에서 읽은 내용을 나에게 이야기하기 시작했다. "오늘 읽은 책에서 이런 말이 나오던데…"라며 신나게 설명하는 모습이 마치 새로운 장난감을 발견한 아이 같았다.

사람은 언제 가장 순수해질까. 피곤에 겨워 졸음과 싸우면서도 끝까지 무언가를 붙잡고 있을 때가 아닐까.

저녁 식사 후부터 잠자리에 들 때까지, 그는 마치 목마른 사람이 물을 찾듯 책에서 눈을 떼지 않았다. 가끔 눈꺼풀이 무거워져 깜박깜박 졸다가도 "방에 들어가서 편히 주무세요"라는 내 말에 "안 돼, 더 읽어야 해"라며 고집을 부렸다.

그 모습이 마치 밀린 숙제를 끝내려는 초등학생 같아서 웃음이 났지만, 동시에 숙연해지기도 했다. 언제부터 우리는 배움을 놓았을까. 언제부터 성장을 멈췄다고 생각했을까.

어제도 그런 일이 있었다. 소파에서 책을 읽던 그가 어느 순간 고요해져서 보니, 고개를 떨구고 깊은 잠에 빠져 있었다. 그러다가 손에서 힘이 빠지면서 읽던 책이 바닥에 툭, 떨어졌다.

그 소리. 마치 시간이 깨어나는 소리 같았다. 아니, 잠들어 있던 우리의 가능성이 깨어나는 소리였다.

깜짝 놀라 깬 그와 내 눈이 마주쳤다. 그 순간 우리는 동시에 웃음을 터뜨렸다. 예전에 내가 스마트폰을 들고 소파에 누워 있다가 깜박 잠이 들어 스마트폰을 떨어뜨렸을 때가 떠올랐기 때문이다. 그때 그는 "당신 정말 웃기다"며 한참을 놀렸었다.

"이제 우리 똑같네요."

내가 말하자 그가 머리를 긁적이며 웃었다.

"아, 그때 당신 기분이 이랬구나."

뒤늦은 미안함과 함께. 그 순간 우리 둘 다 배꼽을 잡고 웃었다.

웃음 속에는 서로를 향한 이해와 용서가 있었다. 함께 늙어가는 것에 대한 든든함이 있었다. 그리고 무엇보다, 여전히 서로에게서 새로운 모습을 발견할 수 있다는 기쁨이 있었다.

이제 우리집 거실에는 두 개의 독서등이 켜진다. 남편

은 경제서를, 나는 에세이를 읽으며 각자의 시간을 보낸다. 30년 만에 찾은 새로운 소통의 방식이다.

남편이 책에 빠진 날, 우리집에는 정말로 웃음이 돌아왔다. 그리고 그 웃음 속에는 서로를 새롭게 발견하는 기쁨과, 함께 나아갈 미래에 대한 설렘이 담겨 있었다.

2. 함께 읽으니 더 깊어진 30년 부부의 대화

집의 풍경이 바뀌었다. 예전에는 각자 스마트폰을 들여다보거나 TV를 시청하며 침묵 속에서 시간을 보냈다. 함께 있지만 따로 있는, 현대인들의 전형적인 저녁이었다. 같은 공간에 있으면서도 서로 다른 세계에 살고 있었던 우리다. 그때는 그것이 자연스러운 일상이라고 생각했다.

이제는 다르다. "오늘 읽은 책에서 이런 내용이 있었는데…" 하며 시작되는 그의 이야기에 나도 자연스럽게 귀를 기울인다. 때로는 내가 읽었던 책과 연결되는 부분이 있어서 더 깊은 대화로 이어지기도 한다. 이런 대화가 있을 줄이야, 30년 전에는 상상도 못했다.

서로의 생각을 주고받으며, 각자의 관점에서 새로운 통찰을 얻는 과정. 그것이 우리 관계를 더욱 풍성하게 만들어주고 있다. 마치 오래된 우물에서 새로운 물맛을 발견하는 것처럼. 아니, 오래된 악기에서 새로운 선율을 찾아내는 것처럼.

가끔 그가 읽다가 인상 깊었던 구절을 메모하는 모습을 본다. 중요한 부분에는 빨간 볼펜으로 조심스럽게 밑줄을 그으며 진지하게 읽고 있다. 예전에는 상상조차 할 수 없었던 모습이다. 그 집중하는 모습이 어찌나 진지한지, 마치 중요한 업무를 처리하는 것처럼 보일 때도 있다.

사람은 정말 언제든 변할 수 있구나. 새로운 것에 도전할 수 있구나. 그를 통해 나는 희망을 본다. 나이듦이 끝이 아니라 또 다른 시작일 수 있음을 깨닫는다.

결혼한 지 삼십년이 넘어서야 발견한 것들이 있다. 그것은 상대방의 새로운 면이기도 하고, 우리 관계의 새로운 가능성이기도 하다. 익숙함이 주는 안정감도 좋지만, 낯설음이 주는 설렘 또한 소중하다는 것을 알았다. 이렇게 오랜 시간이 지나서야 서로를 새롭게 발견할 수 있다니, 참 신기한 일이다.

 내가 독서를 시작했을 때 그의 응원과 격려가 큰 힘이 되었다. 그리고 이제 그 또한 자연스럽게 독서의 세계로 발걸음을 옮겼다. 서로에게 좋은 영향을 주고받는다는 것. 그것이 진정한 동반자의 의미가 아닐까.

 요즘은 새로운 책이 배송될 때마다 마치 크리스마스 선물을 받는 아이처럼 설렌다. 그도 "이 책 어때 보여?"하며 자신이 관심 있는 책을 보여주거나, 내가 주문한 책에 대해 궁금해한다. 때로는 같은 책을 놓고 서로 다른 해석을 내놓아 깊은 토론을 벌이기도 한다. 그런 순간들이 우리에게는 새로운 즐거움이 되었다.

 이런 작은 변화들이 우리 부부 관계에 새로운 생명력을 불어 넣어주고 있다. 나이가 들어간다는 것이 쇠퇴가 아니라 성숙일 수 있음을, 오랜 관계도 여전히 새로울 수 있음을 깨닫게 된다. 사랑은 완성이 아니라 과정이라는 것을, 서른 해가 지나서야 알았다.

 우리는 얼마나 많은 외로움 속에서 살고 있을까. 얼마

나 많은 책들이 우리 곁에서 잠들어 있을까.

50대 이상 성인 중 꾸준히 독서를 즐기는 비율을 보면 한국 30%, 일본 25%, 유럽 50%라고 한다. 우리나라는 10명 중 겨우 3명만이 책과 함께하고 있다. 나머지 7명은 무엇과 함께 시간을 보내고 있을까. 그들의 마음속에는 어떤 목마름이 자리하고 있을까.

디지털 기기에 둘러싸여 있지만 정작 마음의 외로움은 더 깊어지는 시대다. 젊은 세대에서도 우울증을 겪는 사람들이 늘어나고 있고, 나이가 들수록 고독사의 그림자가 짙어진다. 연결되어 있지만 단절되어 있는, 역설적인 현실. 정보는 넘쳐나지만 지혜는 부족한, 모순적인 시대이다.

그러나 책 속에는 인생의 답이 있다. 수많은 현자들의 지혜가, 시대를 초월한 위로가 고스란히 담겨 있다. 좋은 책과 함께하는 시간은 외로움을 달래주고, 마음을 풍요롭게 만들어준다. 책은 묻지도 따지지도 않고 우리 곁에 머물러주는 가장 인내심 많은 친구다. 언제든 펼쳐볼 수 있고, 언제든 우리를 반겨주는 든든한 동반자이기도 하다.

남편이 보여준 변화처럼, 책은 우리 삶에 새로운 활력

을 불어 넣어준다. 나이는 숫자일 뿐이고, 배움에는 때가 없다는 것을 증명 해준다. 잠들어 있던 호기심을 깨워주고, 멈춰 있던 성장을 다시 시작하게 해준다.

책이 바닥에 떨어지던 그 순간의 웃음처럼, 우리의 일상에는 작지만 따뜻한 행복이 스며들어 있다. 함께 나아가는 길 위에서 우리는 서로의 손을 잡고, 더 나은 내일을 향해 걸어간다. 때로는 넘어지기도 하고, 때로는 길을 잃기도 하지만, 책이라는 나침반이 있기에 우리는 다시 일어선다.

이런 시대일수록 책이 우리 인생의 등불이 되어주기를 바란다. 어둠 속에서도 길을 밝혀주고, 외로움 속에서도 따뜻한 동반자가 되어주는 책. 그것은 우리 곁에서 언제나 위로와 깨달음을 선사하는 진정한 친구이다.

잠든 책이 깨어나고, 우리의 웃음이 피어오르는 저녁. 남편의 손에서 떨어진 그 한 권의 책이, 우리에게는 새로운 세상으로 향하는 문이 되었다. 이것이 바로 내가 꿈꾸는 행복한 노년의 모습이다. 책과 함께, 사랑하는 사람과 함께, 끝없이 배우고 성장하는 삶이다.

3. 60년 간 꿈꿔온 '큰 바위 얼굴'

어느 평범한 아침, 남편이 잔잔한 미소를 띠며 말했다.

"요즘 조문 다니면서 오랜 친구들을 만나는데, 다들 그러더라. '너는 참 변하지 않는구나. 어릴 때나 지금이나 늘 편안해 보인다'고 말이야."

그 순간 나는 묘한 충격을 받았다. 변하지 않는다는 것. 그것이 칭찬일까, 아니면 정체를 의미하는 것일까. 하지만 남편의 다음 말이 그 의문을 풀어주었다.

"그런데 말이야, 어릴 때 교과서에서 읽었던 《큰 바위 얼굴》 기억나? 그 이야기가 얼마나 가슴 깊이 남았는지, 그때부터 '나도 저런 사람이 되고 싶다'는 꿈을 품고 살아왔어."

서른 해를 함께 살면서도 몰랐던 그의 내밀한 꿈. 평범해 보이는 남편의 마음 깊은 곳에 그런 이상이 자리 잡고 있었다는 것이 놀라웠다. 어린 소년이 뿌린 씨앗이 육십 년 세월을 견디며 여전히 그의 내면에서 자라고 있었던 것이다.

솔직히 가끔은 아쉬운 구석도 있다. 완벽한 사람은 아니니까. 하지만 그래도 이만하면 나쁘지 않은 사람이다. 아니, 사실 곁에서 지켜보면 남편은 참 좋은 사람이다.

그런데 그날 이후 문득 깨달았다. 친구들이 그를 "변하지 않는다"고 말하는 이유를. 그것은 정체가 아니라 일관성이었다. 어린 시절부터 지금까지, 그는 늘 같은 마음으로 사람들을 대해왔던 것이다.

우리는 얼마나 많은 영웅을 찾아 헤매고 있을까. 화려한 성공담 속에서, 드라마틱한 이야기 속에서 우리는 끊임없이 '큰 바위 얼굴' 같은 존재를 갈망한다. 하지만 정작 그것이 우리 곁에 있다는 사실을 깨닫지 못한 채.

친구들이 남편을 좋아하는 이유를 안다. 어려운 일이 있는 친구에게는 마음을 열어주고, 누구의 이야기든 끝까지 진심으로 들어준다. 판단하지 않고, 조언을 강요하지도 않는다. 그저 거기 있어준다. 마치 큰 바위처럼, 묵묵히 그 자리에서.

그런 모습을 보면 나도 덩달아 마음이 따뜻해진다. 어린 시절 꿈꿔왔던 '큰 바위 얼굴' 같은 사람의 모습이 이미 그 안에 자리 잡고 있었던 것이다. 다만 본인은 미처 깨닫지 못하고 있을 뿐.

"그 소설에서 결국 어니스트 자신이 큰 바위 얼굴을 닮게 되잖아. 나도 그런 사람이 되고 싶었어."

남편의 말에서 진심이 느껴졌다. 하지만 나는 알고 있었다. 그는 이미 그런 사람이 되어 있다는 것을.

요즘 그의 행동을 더 유심히 지켜보게 된다. 새로운 눈으로 보니 보이는 것들이 있었다.

전화를 받을 때 상대방의 말을 재촉하지 않고 끝까지 들어주는 자세. 누군가 힘든 이야기를 꺼낼 때 성급하게 조언하려 들지 않고 그저 묵묵히 들어주는 모습. 작은 일에도 진심으로 고마워하는 마음.

이런 작은 행동들이 모여 그를 '큰 바위 얼굴' 같은 사람으로 만들고 있었다. 위대함은 거창한 것이 아니라 이런 일상의 친절에서 피어나는 것이었다. 나다니엘 호손이 그토록 강조하고 싶었던 것도 바로 이것이 아니었을까.

어느 날 남편이 조문을 다녀와서 말했다.

"친구가 정말 힘들어했는데, 내가 뭘 해줄 수 있을까 생각하다가 그냥 옆에 있어주기로 했어. 별 말 안 하고 그냥 들어주기만 했는데, 고맙다고 하더라."

그 순간 깨달았다. 소설 속 어니스트가 마을 사람들에게 그랬던 것처럼, 남편도 자신도 모르는 사이에 누군가에게는 이미 '큰 바위 얼굴'이 되어 있었다는 것을.

남편의 독서 습관이 생긴 후, 그의 변화는 더욱 뚜렷해졌다. 책에서 읽은 내용을 단순히 지식으로만 받아들이는 것이 아니라, 실생활에서 어떻게 실천할 수 있을지 고민한다.

"이 책에서 말하는 소통의 중요성을 나도 실천해보고 싶어"라며 가족과의 대화에도 더욱 신경 쓰기 시작했다. 그러다 보니 우리 부부 사이의 대화도 전보다 깊어졌다. 예전에는 서로의 마음을 추측하고 짐작했다면, 이제는 더 솔직하게 이야기를 나눈다.

남편이 《큰 바위 얼굴》 이야기를 꺼낸 것도 그런 변화의 일부였을 것이다. 어린 시절의 꿈을 다시 꺼내 보이는 것, 그것은 자신의 삶을 되돌아보고 있다는 증거였다.

어니스트가 큰 바위 얼굴을 바라보며 자신도 모르게 그 모습을 닮아갔듯이, 남편도 책을 통해 자신의 마음속 이상을 더욱 선명히 그려가고 있었다. 독서는 그에게 거울이 되어주고 있었다.

어릴 적 큰 바위 얼굴을 닮고 싶어 했던 소년이 청년이 되고, 중년을 거쳐, 이제 인생의 가을을 맞고 있다. 하지만 여전히 주변을 따뜻하게 돌보고, 끊임없이 배우려는 자세를 잃지 않는 모습을 보니 그 꿈을 차근차근 이루어가고 있다는 생각이 든다.

진정한 영웅은 화려한 성공이 아니라 일상 속 작은 친절과 진심에서 나온다는 것을 남편을 통해 깨달았다. 《큰 바위 얼굴》의 어니스트처럼, 남편도 자신도 모르는 사이에 많은 사람들에게 위로와 힘이 되는 존재가 되어 있었다.

마음이 자라면 사람도 자란다. 타인을 이해하고 사랑하는 마음이 커지면 서로의 삶이 더 아름다워진다. 결국 '큰 바위 얼굴'은 어딘가 멀리 있는 것이 아니라, 각자 마음속에서 천천히 조각되어 가는 것이 아닐까.

늦게 피는 꽃도 아름답다고 했다. 남편이 60이 넘어 다시 찾은 자신의 꿈도 그런 꽃처럼 우리 삶을 향기롭게 물들이고 있다. 어린 시절 꿈꿔왔던 '큰 바위 얼굴' 같은 사람으로 조금씩 변해가는 모습을 보며, 나 또한 그 여정에 함께하고 있다는 것이 감사하다.

무엇보다, 이 모든 변화와 성장을 곁에서 지켜보고 함께할 수 있어서 참 행복하다. 이것이 바로 오래가는 사랑의 모습이 아닐까. 서로를 응원하고, 함께 자라며, 따뜻한 마음을 나누는 것 말이다.

시간이 흘러 우리가 더 늙고, 주름이 더 깊어져도 그의 얼굴에는 여전히 그 따뜻함이 새겨져 있을 것이다. 어린 소년이 꿈꿨던 그 '큰 바위 얼굴'처럼, 세월이 조각해낸 진정한 아름다움이.

그리고 언젠가 우리도 누군가에게는 '큰 바위 얼굴' 같은 존재가 되어 있을지도 모른다. 자신도 모르는 사이에, 조용히 누군가의 마음에 위로와 힘이 되어주는 그런 사람으로.

4. 한 권의 책이 바꾼 우리의 사업 마인드

사업을 하다 보면 때때로 길을 잃을 때가 있다. 아니, 길을 잃었다는 것조차 모른 채 숫자라는 미로 속을 헤매고 있을 때가 더 많다.

매출에만 급급해지거나, 경쟁에서 뒤처질까 봐 조급해지기도 한다. 매출액의 숫자들만 바라보며 사는 것이 사업의 전부인 줄 알았다. 고객은 단순히 매출을 만들어주는 '구매자'일 뿐이고, 거래처는 이익을 나눠 가져야 하는 '파트너'일 뿐이었다.

그런 우리에게 한 권의 책이 완전히 새로운 세계의 문을 열어주었다. 《관계 우선의 법칙》이라는 책이었다. 처음엔 그저 또 하나의 경영서적일 거라 생각했다. 서점 진열대에 즐비한 '성공 비법서' 중 하나쯤으로 여겼다.

하지만 읽어갈수록 우리가 놓치고 있던 중요한 것을 깨닫게 되었다. 바로 '사람'이었다. 우리는 사람을 상대로 사업을 하면서도 정작 사람을 보지 못하고 있었던 것이다.

책에서 가장 가슴을 친 부분은 "고객은 자신의 이름을 기억해주는 것에 큰 감동을 받는다"는 내용이었다. 너무 당연한 얘기 같지만, 실제로는 잘 실천하지 못하고 있었다는 것이 부끄러웠다.

그날부터 우리는 작은 변화를 시작했다. 전화를 받을 때 "○○○님 안녕하세요?"라고 인사하기 시작한 것이다. 처음엔 어색했다. 마치 연기를 하는 것 같기도 했다. 하지만 고객들의 반응은 우리의 예상을 뛰어넘었다.

"어휴 제 이름을 다 아세요?"

전화기 너머로 전해지는 즐거워하는 목소리에서 진짜 감동을 느끼고 있다는 것을 알 수 있었다. 그 순간 김춘 수 시인의 '꽃'이 떠올랐다.

"내가 그의 이름을 불러주기 전에는

그는 다만

하나의 몸짓에 지나지 않았다."

이름 하나로 이렇게 관계가 달라질 수 있다니. 익명의 고객이 한 사람의 인격체로 변하는 순간이었다. 책에서 배운 지혜가 현실에서 증명되는 마법 같은 경험이었다.

진짜 변화는 어느 날 온라인 고객의 반품 신청에서 시작되었다. 예전 같으면 그냥 기계적으로 처리하고 말았을 텐데, 이번엔 달랐다. 왜 반품하는지 궁금해서 직접 전화를 걸어보았다.

"포장 박스에 아무 인쇄도 없어서 제품에 대한 신뢰가 떨어진다"는 고객의 말은 우리에게 번개 같은 깨달음을 주었다. 단순히 제품만 잘 만들면 된다고 생각했는데, 고객은 포장에서부터 우리 회사를 판단하고 있었던 것이다.

작은 디테일 하나가 신뢰를 좌우한다는 것을 그때 처음 알았다. 우리가 보지 못하던 고객의 마음, 그 세밀한 감정의 결까지 읽어내야 한다는 것을 깨달았다. 사업은 제품을 파는 것이 아니라 신뢰를 쌓는 것이라는 진리가 비로소 보이기 시작했다.

더 놀라운 일은 그 다음에 일어났다. 남편이 1시간 거리에 있던 그 고객을 직접 찾아간 것이다. 처음엔 "그럴 필요까지 있을까?" 싶었다. 시간도 돈이고, 기름값도 만만치 않은데 말이다.

하지만 남편은 확신에 차 있었다. "책에서 배운 '관계 우선'의 법칙을 실천해보고 싶어"라는 그의 말에서 진심이 느껴졌다. 결과는 우리의 예상을 완전히 뛰어넘었다.

고객은 우리의 진정성에 깊이 감동했다. "이런 회사는 처음이에요. 앞으로 계속 이용하겠습니다"라는 약속과 함께, 지인들에게도 우리 제품을 추천해주겠다고 했다. 한 번의 방문이 여러 명의 새로운 고객을 만들어준 셈이었다.

그 순간 우리는 깨달았다. 우리가 잃었다고 생각했던 것들 - 시간, 기름값, 수고로움 - 이 모든 것이 사실은 가장 값진 투자였다는 것을. 돈으로 살 수 없는 신뢰와 충성도를 얻었으니까.

이 경험 이후 우리의 사업 방식이 완전히 달라졌다. 단순히 상품을 판매하는 것이 아니라, 고객 한 사람 한 사람과의 진정한 관계를 맺으려고 노력하게 되었다. 포장재에도 더 신경 쓰고, 고객의 작은 불만도 보석처럼 소중히 다뤘다.

사업이 기계가 아니라 생명체라는 것을 깨닫는 순간이었다. 관계라는 혈관을 통해 따뜻한 피가 흐르는, 살아 숨 쉬는 유기체 말이다.

또 다른 변화는 거래처와의 관계에서도 나타났다. 어느 날 거래처 사장님이 허리가 아파 걸음도 제대로 걷지 못하고 괴로워하는 모습을 보았다. 예전 같으면 "힘드시겠네요" 정도의 말로 끝났을 텐데, 이번엔 달랐다.

평소 우리가 필요할 때 먹는 약을 챙겨뒀다가 갖다 드렸다. 별거 아닌 일 같았지만, 그 사장님은 엄청 고마워하셨다. 통증이 없어진 후로는 우리와의 관계가 완전히 달라졌다. 단순한 거래 관계를 넘어 진정한 동반자가 된 것이다.

자연스럽게 매출도 현저히 늘어났다. 하지만 더 중요

한 것은 돈으로 살 수 없는 것을 얻었다는 사실이었다. 서로를 걱정하고 챙기는 마음, 그것이야말로 진정한 사업의 자산이었다.

이런 경험들을 통해 깨달은 것은 진정한 사업의 핵심이 '관계'에 있다는 것이었다. 제품의 품질도 중요하고, 가격 경쟁력도 중요하지만, 결국 사람과 사람 사이의 신뢰가 가장 큰 자산이라는 것을 알게 되었다.

책에서 배운 또 다른 원칙은 '먼저 주는 것'의 힘이었다. Give and Take가 아니라 Give and Give의 마음으로 접근하니, 예상치 못한 곳에서 도움이 돌아왔다. 고객들은 우리의 진심을 알아봐 주었고, 입소문을 통해 새로운 고객들이 찾아왔다.

하지만 모든 것이 순조롭지만은 않았다. 때로는 우리의 친절이 당연하게 여겨지기도 하고, 일방적인 희생처럼 느껴질 때도 있었다. 밤늦게 집에 돌아와 "과연 이런 식으로 사업을 해도 될까?" 하는 의문이 들 때도 있었다.

그럴 때마다 책에서 읽었던 "진정한 관계는 즉각적인 보상을 기대하지 않는다"는 구절을 떠올리며 마음을 다

잡았다. 사업은 단거리 달리기가 아니라 마라톤이라는 것을, 진정한 관계는 하루아침에 만들어지지 않는다는 것을 깨달았다.

그리고 시간이 우리편이라는 것도 알게 되었다. 진심은 언젠가 반드시 통한다는 것을, 선한 의도로 뿌린 씨앗은 언젠가 반드시 열매를 맺는다는 것을 경험으로 배웠다.

시간이 지나면서 우리의 사업 철학은 더욱 명확해졌다. '고객을 위한 것이 결국 우리를 위한 것'이라는 믿음, '작은 배려가 큰 신뢰를 만든다'는 확신, 그리고 '관계가 곧 자산'이라는 깨달음이 우리 사업의 중심이 되었다.

지금 돌이켜보면 그 한 권의 책이 우리 사업의 방향을 완전히 바꿔놓았다. 매출 숫자에만 집중하던 우리가 사람을 먼저 생각하는 사업가로 성장할 수 있었던 것이다. 계산기를 들고 살던 우리가 가슴으로 사업하는 법을 배운 것이다.

《관계 우선의 법칙》은 단순한 경영서가 아니었다. 사업을 통해 어떻게 더 나은 사람이 될 수 있는지를 가르쳐준 인생 지침서였다. 이 책 덕분에 우리는 돈을 버는 것뿐만 아니라, 사람들에게 도움이 되는 일을 한다는 보람도 함께 얻을 수 있게 되었다.

현대 사회는 모든 것을 숫자로 재려고 한다. 효율성과 생산성이 최고의 가치가 된 시대에, 우리는 거꾸로 걸어가고 있는 것일까? 아니다. 우리는 가장 본질적인 길을 걸어가고 있는 것이다.

앞으로도 우리는 이 철학을 잃지 않으려 한다. 기술이 발달하고 세상이 빨라져도, 사람과 사람 사이의 진심은 변하지 않을 것이기 때문이다. 그리고 그 진심이야말로 우리 사업의 가장 큰 경쟁력이라고 믿는다.

숫자에 갇혔던 마음이 사람으로 향하는 순간, 사업은 비로소 진짜 사업이 된다. 그것이 한 권의 책이 우리에게 가르쳐준 가장 소중한 깨달음이다.

5. 거실 가득했던 책들에 담긴 엄마의 욕심

"사람이 책을 만들고 책이 사람을 만든다"는 말이 있다.

책장 정리를 하며 이 말의 의미를 새삼 깨달았다. 아니, 깨달았다기보다는 그 말의 잔인한 진실과 마주했다고 해야 할까. 지난 세월 동안 우리가 읽은 책들을 하나씩 다시 보니, 책이 우리를 만든 것만큼 우리도 책을 통해 우리 자신의 환상을 만들어왔다는 생각이 들었다.

남편이 처음 집어든 경제 서적부터 내가 눈물을 흘리며 읽었던 에세이까지, 모든 책에는 우리의 시간과 감정이 스며들어 있었다. 하지만 그보다 더 많은 것이 스며들어 있었다. 바로 우리의 욕망이.

아이들이 어릴 적 거실 한 면이 모두 책장으로 꽉 차 있을 때가 있었다. 그 책장을 바라보며 확신에 차 있었다. 마치 건축가가 설계도를 보며 완성된 건물을 상상하듯, 그 책장 앞에서 아이들의 미래를 그려냈다. 이 많은 책들 사이에서 자라나는 우리 아이들이라면, 분명히 다른 아이들과는 다를 거라고.

매달 생활비를 아껴가며 한 권씩 늘려간 책들이었다. 동화 전집부터 위인전과 과학전집까지 할부로 들일 때의 그 설렘. 외식 한 번을 포기하고, 새 옷 하나를 미루고 대신 선택한 것이 바로 그 책들이었다. 서점에서 전집 안내서를 받아올 때면 마치 보물지도를 얻은 것 같았다. 아이들을 위해서라면 뭐든 해주고 싶었던 그 마음. 거실 한 면을 온통 내어준 것도 아깝지 않았다. 아니, 사실은 아까웠다. 하지만 그 아까움을 투자라는 이름으로 포장했었다.

아이들이 책을 읽는 모습을 볼 때면 가슴이 벅차올랐다. '우리 아이는 다르구나, 이렇게 많은 지식을 쌓아가고 있으니 학교에서도 당연히 1등을 하겠지! 나중에 커서도 훌륭한 사람이 되겠지!' 그런 기대로 가득했다. 특히 아이가 어려운 단어를 술술 말할 때면, 마치 내 교육 철학이 증명된 것 같아 어깨가 으쓱해졌다.

다른 엄마들에게 자랑스럽게 말하곤 했다.

"우리 집은 아이들이 책을 참 많이 읽어요. 거실이 도서관 같다니까요."

그럴 때면 마치 내가 최고의 엄마인 것 같았다. 마치 책장의 크기가 곧 사랑의 크기인 것처럼, 책의 권수가 곧 헌신의 증거인 것처럼 믿었다. 아이들 친구가 놀러 와서 "와, 책이 정말 많다!"라고 감탄할 때면, 은근히 뿌듯했던 기억도 난다.

지금 생각해보면, 그 책장은 아이들을 위한 것이면서도 동시에 나의 욕심이었다. 좋은 엄마가 되고 싶었던, 자랑스러운 아이로 키우고 싶었던, 그래서 결국 자랑스러운 나 자신이 되고 싶었던 그런 간절함이 책장 가득 담겨 있었던 것이다.

하지만 정작 중요한 것을 놓치고 있었다. 책을 사주는 것에만 몰두하느라, 함께 읽고 이야기 나누는 시간은 부족했다. 아이가 "엄마, 이 책 재미있어요" 하고 말을 걸어 와도 "그래, 다 읽고 나서 얘기해" 하며 넘겨버리기 일쑤였다. 책장을 채우는 일에는 열심이었지만, 그 책들로 아이와 마음을 나누는 일에는 게을렀던 것이다.

그때부터 아이들만 재촉하지 말고 함께 독서를 지금처럼 했더라면 얼마나 달랐을까. 그런 아쉬움이 마음 한편에 남는다.

우리는 얼마나 많은 것을 책에 떠맡기려 했던가. 교육의 책임, 미래에 대한 불안, 사회적 성공에 대한 강박까지. 책은 만능 해결사가 아닌데도 우리는 책에게 기적을 요구했다. 마치 책장만 가득 채우면 저절로 현명한 아이가 될 거라고, 성공한 인생이 보장될 거라고 착각했던 것이다.

이제야 알겠다. 책이 사람을 만드는 것은 맞지만, 그 과정에는 반드시 사랑이 있어야 한다는 것을. 함께 읽고, 함께 웃고, 함께 생각하는 그 따뜻한 시간들 말이다. 책장을 가득 채우는 것보다 더 중요한 것은, 그 책들과 함께 추억을 가득 채우는 일이었다.

6. 먼지 쌓인 책에서 찾은 솔직한 반성

거실 한 면을 가득 채웠던 그 책장들이 하나씩 줄어들기 시작한 것은 아이들이 중학생이 되면서부터였다. 동화책들은 이제 손도 대지 않았고, 새로 사야 할 참고서들을 위한 공간이 필요했다.

책장의 몰락은 곧 나의 교육관의 몰락이기도 했다. 그토록 공들여 쌓아올린 지식의 탑이 한순간에 무너지는 것을 지켜보는 심정이었다. 마치 모래성을 쌓아놓고 파도가 밀려오는 것을 바라보는 것처럼.

"이제 안 보는 책들은 좀 정리해야겠어."

나는 마음을 단단히 먹고 책장 앞에 섰다. 하지만 한 권 한 권 손에 들 때마다 추억이 밀려왔다. 아니, 추억이 아니라 그때의 나 자신이 밀려왔다. 그 많은 꿈과 기대를 품고 있던 젊은 엄마가.

《양파 양파 양파》는 첫째가 말을 배우기 시작할 때 수없이 읽어달라고 했던 책이었고, 《우리 몸의 신비》는 둘째가 "왜?"라는 질문을 쏟아낼 때 함께 들여다보던 책이었다. 《호야토야 전래동화》는 밤마다 읽고 또 읽었던 막내와 아빠의 추억이 고스란히 배어있는 책이었다.

그런데 그 추억들이 과연 순수했을까? 그 시간들이 정말 아이들만을 위한 것이었을까?

몇 번의 망설임 끝에 드디어 결심했다. 단단히 끈으로 묶어놓은 여러 뭉치의 책들을 현관 앞에 내놓았다. 내일 아침이 재활용 수거하는 날이니 버려야겠다고 마음먹었다. 하지만 마음 한편에서는 알고 있었다. 쉽게 버려지지 않을 거라는 것을.

과연 저녁에 퇴근한 남편이 현관에서 소리를 질렀다.

"여보! 이 책들 왜 여기 있어?"

"안 보는 책들 버리려고 내놓은 거야."
"책을 왜 버려?"

남편의 목소리가 높아졌다.

"이 책은 안 돼! 내가 얼마나 많이 읽어준 책인데…"

남편은 《호야토야 전래동화》를 손에 들고 있었다. 표지가 해져서 테이프로 덧댄 흔적이 역력했다. 그 흔적들이 말하고 있었다. 우리가 얼마나 이 책들과 함께 살아왔는지를.

"이 책 봐. 아이들이 얼마나 좋아했는데. 아직도 기억나. 큰애가 '한 번 더, 한 번 더' 하면서 몇 번씩 읽어달라고 했잖아."
"그래도 이제 다 커서 안 보는데…"
"그래도 버리면 안 돼. 나중에 손자라도 생기면 읽어줄 수 있잖아."

결국 그날 밤, 몇 개의 책 뭉치들은 다시 집 안으로 들어왔다. 우리는 책을 버리는 게 아니라 우리 자신의 일부를 버리는 것 같은 기분이었다. 거실 책장에 다시 꽂을 수도 없고, 그렇다고 버릴 수도 없어서 베란다 한 구석에 놓았다.

그게 시작이었다. 그 후로도 몇 번 더 책 정리를 시도했지만, 매번 비슷한 일이 반복되었다. 남편뿐만 아니라 나 역시 막상 책을 손에 들면 버리기가 어려워졌다.

그렇게 베란다 한 구석에 쌓인 책들, 침대 프레임 속에 넣어둔 책들, 거실장 속에 숨겨놓은 책들… 어느새 집 곳곳이 책들의 유배지가 되었다. 한때는 거실의 주인이었던 책들이 이제는 집 안의 난민이 된 것이다.

가끔 청소를 하다가 먼지 쌓인 책들을 발견하면 마음이 아려온다. 한때는 그렇게 소중했던 책들이 이제는 회색 먼지를 뒤집어쓰고 세월을 보내고 있다니. 먼지는 시간의 증거였고, 동시에 우리의 변심에 대한 고발장이기도 했다.

그런 생각을 하면서 오늘도 나는 먼지 낀 책들을 한번

씩 닦아둔다. 그 책들이 품고 있는 추억들과 함께, 그리고 그 추억들 속에 숨어있는 우리의 모순들과 함께.

결국 "책은 사람을 만든다"는 말은 맞았다. 다만 우리가 생각했던 것보다 훨씬 더 복잡하고 아이러니한 방식으로 말이다.

우리는 아이들을 위해 책을 샀다고 생각했지만, 사실은 우리 자신의 불안을 달래기 위해서였을지도 모른다. 아이들에게 지식을 주려 했지만, 정작 우리가 더 많은 것을 배웠을지도 모른다. 완벽한 교육을 꿈꿨지만, 결국 완벽하지 못한 인간임을 깨달았을지도 모른다.

그렇다면 그 모든 시간과 돈이 헛된 것이었을까? 아니다. 책장 가득했던 그 시절이 없었다면, 지금의 이 깨달음도 없었을 것이다. 완벽한 엄마의 환상을 품어보지 않았다면, 완벽하지 않은 사랑의 진짜 의미를 알 수 없었을 것이다.

이제 와서 깨닫는다. 아이들은 책을 통해 성적 1등이나 사회적 성공을 얻은 것은 아니지만, 상상력과 사고력, 그리고 무엇보다 진짜 중요한 것이 무엇인지 아는 능력을 얻었다. 그리고 나 역시 그 책들을 통해 만들어졌다. 완벽한 엄마가 되려 했던 젊은 시절의 오만함, 아이들과 함께 나눈 소중한 시간들, 그리고 이제는 인정할 수밖에 없는 나의 한계까지.

먼지 쌓인 책들을 바라보며 나는 생각한다. 저 책들이 정말 필요한 건 지식이 아니라 사랑이었다는 것을. 그리고 우리가 정말 배워야 할 건 성공하는 법이 아니라 실패를 받아들이는 법이었다는 것을.

책은 여전히 사람을 만들고 있다. 지금도, 이 순간에도. 다만 우리가 원하는 방식이 아니라, 우리에게 정말 필요한 방식으로 말이다.

7. 책 읽는 엄마가 만든 따뜻한 가족 시간

책을 읽어줄 때 행복했다. 단, 한두 번일 때만. 아이들이 귀를 쫑긋 세우고 나의 목소리에 빠져들 때, 그 순간만큼은 세상에서 가장 완벽한 엄마가 된 것 같았다.

하지만 현실은 달랐다. 마냥 책만 읽어줄 수는 없고 집안일도 해야 했다. 한 권, 세 권, 다섯 권… 열 권쯤 되면 입도 마르고 목도 쉬고, 솔직히 말하면 꾀가 나기 시작했다. "또 읽어달라고?" 하는 한숨이 목구멍까지 올라오는 순간들이 있었다.

그런 나에게 구원처럼 다가온 것은 큰아이가 글을 읽을 수 있게 된 순간이었다. "언니가 동생한테 책 읽어줘"

- 이 한마디로 나는 해방되었다. 아니, 해방되었다고 생각했다.

그런데 이상한 일이 벌어졌다. 큰아이가 동생에게 책을 읽어주는 모습을 멀찍이 지켜보니, 내가 읽어줄 때와는 전혀 다른 풍경이 펼쳐졌다. 어설프게 더듬더듬 읽으면서도, 동생을 위해 목소리를 바꿔가며 연기하는 모습. 그 서툰 정성이 어찌나 사랑스럽던지.

동생도 엄마가 읽어줄 때와는 다른 반응을 보였다. 언니가 읽어주는 이야기에는 더 깔깔거리며 웃고, "언니, 늑대 목소리 더 무섭게 해봐!"라며 주문을 넣기도 했다. 마치 또래끼리만 아는 비밀 코드가 있는 것처럼.

그 순간 나는 깨달았다. 내가 떠넘겼다고 생각했던 것이 사실은 아이들에게 더 소중한 선물이 되고 있다는 것을.

늦둥이가 태어나고 나서는 더욱 묘한 일이 벌어졌다. 이제 두 누나가 있으니 책 읽기는 완전히 누나들의 몫이 되었다. 둘째는 첫째에게 배운 대로 막내에게 책을 읽어주었고, 첫째는 더 어려운 책에도 도전해보며 동생들의 독서 선생님이 되었다.

나는 설거지를 하며 그 소리를 들었다. 가끔 큰아이가

모르는 글자가 나오면 "엄마, 이 글자 뭐야?"라고 물어왔지만, 대부분의 시간은 그들만의 세계였다. 나는 주인공에서 조연으로, 조연에서 관객으로 물러났다.

처음에는 홀가분했다. 더 이상 목이 쉬도록 읽어주지 않아도 되고, 집안일과 책 읽기 사이에서 줄다리기를 하지 않아도 되니까. 하지만 동시에 이상한 감정이 들었다. 과연 이게 맞는 건가? 내가 너무 편한 길만 택하고 있는 건 아닐까?

현대 사회의 엄마들은 끊임없이 죄책감에 시달린다. 아이와 충분히 놀아주지 못해서, 책을 충분히 읽어주지 못해서, 학원에 보내지 못해서, 혹은 너무 많이 보내서. 나 역시 그 죄책감의 늪에서 헤어나지 못하고 있었다.

그런데 아이들이 서로를 돌보는 모습을 지켜보면서 깨달았다. 내가 느끼는 이 따뜻한 감정이, 예전에 직접 읽어줄 때 느꼈던 그 뿌듯함과는 또 다른 종류의 기쁨이라는 것을. 더 깊고, 더 지속적인 만족감이었다.

가끔 막내가 "엄마가 읽어줘"라고 조르면, 그제서야 오랜만에 책을 펼쳐 들었다. 그런데 이상하게도 예전만큼 부담스럽지 않았다. 하루에 열 권을 읽어줘야 한다는 압박감이 없어서일까. 오히려 가끔씩 읽어주는 책 한 권이 더 소중하게 느껴졌다.

이렇게 우리 집의 책 읽기 문화는 자연스럽게 진화했다. 엄마의 일방적인 헌신에서 시작해서, 형제자매가 서로를 돌보는 것으로, 그리고 때로는 막내가 그림만 보고 누나들에게 상상의 이야기를 들려주는 것까지.

책은 이제 우리 가족을 이어주는 보이지 않는 끈이 되었다. 나는 그 모든 과정을 지켜보는 관객이자 때때로 참여하는 조연이 되었다. 그리고 깨달았다. 이것이 진짜 교육이구나. 가르치는 것이 아니라 스스로 배우게 하는 것, 주입하는 것이 아니라 순환하게 하는 것.

하지만 이 모든 과정이 순탄하기만 했던 것은 아니다. 가끔 아이들끼리 다툴 때도 있었다. "언니가 재미없게 읽어줘서 싫어!" "그럼 니가 읽어봐!" 하며 토라지는 날들도 있었다. 그럴 때면 나는 다시 중재자로 나서야 했고, 때로는 직접 읽어주기도 했다.

이제 아이들이 모두 성인이 되었다. 그 책들을 바라보면 온갖 추억이 되살아난다. 모서리가 해지고 표지가 찢어진 《아기 돼지 삼형제》, 특히 큰딸이 가장 좋아했던 《또래 이야기》 시리즈. 이 책들에는 우리 가족의 웃음과 눈물이 고스란히 배어 있다.

각 책마다 사연이 있다. 여기 낙서한 것은 둘째의 작품이고, 저기 찢어진 부분은 막내가 어렸을 때 입으로 빨아서 생긴 흔적이다. 한때는 이런 것들 때문에 화를 냈었는데, 지금은 그 모든 흔적들이 소중한 추억이 되었다.

책을 통해 아이들이 배운 것은 단순히 지식이 아니었다. 서로를 돌보는 마음, 책임감, 그리고 나눔의 기쁨이었다. 큰아이는 동생들에게 책을 읽어주면서 리더십을 배웠고, 작은아이들은 언니를 존경하고 따르는 마음을 배웠다.

그리고 나는? 나는 완벽한 엄마가 되려는 강박에서 벗어나는 법을 배웠다. 모든 것을 내가 직접 해줘야 한다는 부담감에서 자유로워지는 법을. 때로는 물러서서 지켜보는 것도 사랑의 한 형태라는 것을.

언젠가는 손자들도 생길 것이다. 그때 나는 어떤 할머니가 될까? 아마도 지금보다는 더 여유로울 것이다. 더 이상 집안일에 쫓기지 않을 테니까, 더 이상 완벽한 양육에 대한 압박감에 시달리지 않을 테니까.

하지만 동시에 걱정도 된다. 과연 손자들이 할머니의 책 읽기를 좋아할까? 요즘 아이들은 스마트폰과 태블릿에 더 익숙한데, 구닥다리 책이 그들에게 어떤 의미가 될까?

그런 생각을 하다가 문득 깨닫는다. 중요한 것은 매체가 아니라 마음이라는 것을. 내가 아이들에게 읽어주었던 그 시간들, 아이들이 서로에게 읽어주었던 그 순간들에 담긴 사랑의 기억들이 진짜 유산이라는 것을.

모서리가 해지고 표지가 찢어진 그 책들이, 사실은 우리 가족의 가장 소중한 보물이었다는 것을 이제야 온전히 안다. 목이 쉬도록 읽어주던 그 시간들, 꾀가 나서 큰아이에게 맡겼던 그 순간들, 멀찍이 떨어져 설거지하며 듣던 그 소리들… 모든 것이 사랑이었다.

그리고 이제 그 사랑이 새로운 세대로 이어질 것이다. 형태는 달라질지 몰라도, 한 사람이 다른 사람을 위해 이야기를 들려주는 그 따뜻함은 변하지 않을 것이다.

되돌아보면 우리의 책 읽기는 완벽하지 않았다. 때로는 성의 없이 읽어줬고, 때로는 아예 건성으로 넘어간 날들도 있었다. 아이들끼리 다툴 때는 책이 오히려 갈등의

원인이 되기도 했다.

하지만 바로 그 불완벽함이 우리를 더 인간답게 만들었다. 완벽한 교육 방법이나 이상적인 육아법을 추구하느라 정작 중요한 것을 놓치지 않았다. 그저 서로를 사랑하고 돌보려는 마음만으로도 충분했다.

책은 여전히 세대를 이어가는 다리 역할을 하고 있다. 내가 아이들에게 읽어주었던 그 책들이 언젠가는 손자들에게도 같은 감동을 줄 것이다. 하지만 그 방식은 내가 상상하는 것과는 다를 수도 있다.

중요한 것은 형태가 아니라 마음이다. 한 사람이 다른 사람을 위해 시간을 내고, 목소리를 내고, 사랑을 표현하는 그 행위 자체가 세대를 이어가는 진짜 유산인 것이다.

그래서 나는 더 이상 완벽한 할머니가 되겠다는 다짐을 하지 않는다. 그냥 지금처럼, 있는 그대로의 모습으로 손자들과 만날 것이다. 그리고 그들이 원한다면 기꺼이 책을 읽어줄 것이고, 원하지 않는다면 그냥 옆에 있어줄 것이다.

그것만으로도 충분하다. 사랑은 완벽함에서 나오는 것이 아니라, 완벽하지 않은 우리가 서로를 위해 최선을 다하려는 마음에서 나오는 것이니까.

3장

갈등이 우리에게 준 선물

1. 30년 부부, 드디어 서로를 믿기로 하다

요즘 남편이 가끔 하는 말이 내 마음에 깊이 새겨진다.

"이제부터 나는 당신만 믿고 살 거야."

하지만 이 말이 나오기까지 우리에게는 30년 간의 긴 갈등이 있었다. 정반대 성향의 두 사람이 만나 빚어낸 끝없는 마찰의 시간들이.

남편은 신중한 사람이다. 뭔가를 결정할 때 신중하게 생각하고 또 생각한다. 성격 자체가 조심스럽고 신중해서 빠른 결정을 내리는 것을 어려워한다. 반면 나는 직관

적이다. 뭔가 느낌이 오면 바로 결정하고, 행동으로 옮기는 것이 먼저다.

젊은 시절 우리는 이 차이 때문에 정말 많이 부딪혔다. 그중에서도 가장 큰 갈등의 무대는 바로 가족여행 계획이었다.

"올해는 꼭 해외여행 가자."

매년 초 나는 이렇게 말했다. 아이들도 점점 크고, 가족이 함께할 수 있는 시간이 얼마 남지 않았다는 생각에 조급했다.

하지만 남편의 반응은 언제나 같았다.

"응, 좋지. 그런데 어디로 갈까? 좀 알아보자."

그리고 시작되는 것은 끝없는 고민이었다. 여행지를 정하는 것부터 시작해서 언제 갈지, 얼마나 갈지까지 모든 것을 신중하게 생각했다.

"여보, 그냥 가면 되잖아. 다른 집들은 벌써 다 예약했어."

나는 답답해했다.

"성급하게 정하면 후회할 수 있어. 좀 더 알아보고 결정하자."

남편은 여전히 차분했다.
그렇게 몇 달이 지나면 아무것도 정해지지 않은 채 시간만 흘러갔다.

"이제 어떻게 해?"

내가 물으면 남편은 미안한 표정으로 말했다.

"내년에는 꼭 일찍 생각해보자."

그렇게 우리는 몇 년째 가족여행을 못 갔다. 처음에는

화가 났지만, 나중에는 그냥 포기했다.

'이 사람과 함께 사는 이상 여행은 꿈도 꾸지 말자.'

그런 마음이 들었다.

하지만 속마음은 복잡했다. '왜 나는 해외여행도 못 가고 희생해야 하지?' 다른 가족들이 여행 사진을 SNS에 올리는 것을 볼 때마다 상대적 박탈감이 밀려왔다. 내 인생이 남편의 신중함이라는 이름으로 제약받고 있다는 생각이 들었다.

아이들이 "우리는 언제 해외여행 가요?"라고 물을 때가 가장 괴로웠다. "아빠가 계획 세우고 있어"라고 대답하면서도, 속으로는 '언제까지 기다려야 할까' 하는 한숨이 나왔다.

겉으로는 이해하는 척했지만, 내 안에는 원망이 쌓여갔다. 남편을 향한 것인지, 내 자신을 향한 것인지 모를 복잡한 감정들이.

그런 우리에게 변화가 찾아온 것은 뜻밖의 순간이었다. 어느 해 여름, 나는 참다못해 혼자 여행을 예약해버렸다. 남편의 반대를 무릅쓰고 말이다.

"이번엔 내가 정할게. 그냥 따라와."

나는 단호했다.
남편은 불안해했지만 따라왔다. 그런데 그 여행에서 예상치 못한 일들이 벌어졌다. 내가 성급하게 정한 일정에 문제가 생기기도 하고, 현지에서 당황스러운 상황들이 벌어졌다. 아이들은 피곤해했고, 남편은 아무 말 없이 상황을 수습했다.

그 여행에서 서서히 이해하게 되었다. 남편의 신중함이 단순한 우유부단함이 아니라는 것을. 그는 성급하게 결정해서 가족이 고생하는 것을 원하지 않았던 것이다. 신중하게 생각하는 것이 그의 방식이었다.

여행에서 돌아온 후, 남편이 말했다.

"다음엔 내가 좀 더 빨리 결정할게. 당신이 원하는 곳으로."

그 말에서 미안함과 고마움이 동시에 느껴졌다.

그 이후에도 바로 모든 게 해결된 건 아니었다. 몇 번 더 부딪히고, 서로 상처받기도 했다. 하지만 조금씩 새로운 방식을 찾아갔다. 여행지는 내가 직감으로 정하고, 그다음에는 남편이 나름대로 생각해볼 시간을 주되 정해진 기한 안에서 결정하는 것이다. 내 스타일대로 빠르게 방향을 정하고, 남편도 자신만의 속도로 생각해볼 수 있게 하니 서로 편해졌다.

우리의 갈등은 서로가 틀려서가 아니라 달랐기 때문이었다. 내 성급함만으로는 실수가 많고, 남편의 신중함만으로는 기회를 놓친다. 하지만 서로 조금씩 양보하고 맞춰가면 더 나은 결과를 만들 수 있다는 걸 차츰 알게 되었다.

지금 생각해보면 그 모든 갈등들이 우리에게 필요한 시간이었다. 서로를 이해하지 못해 속상했던 그 시간들, 포기하고 체념했던 그 순간들까지도.

갈등이 없었다면 우리는 서로의 진짜 모습을 알지 못했을 것이다. 내가 얼마나 성급하고 주관적인지, 남편이 얼마나 신중하고 배려 깊은지를. 그리고 우리가 얼마나 서로를 필요로 하는지도.

이제 남편이 뭔가를 오래 고민할 때, 나는 답답해하지 않는다. 대신 생각한다.

'저 사람이 우리 가족을 위해 최선을 찾고 있구나.'

마찬가지로 내가 즉석에서 뭔가를 결정할 때, 남편도 믿어준다.

'아내의 직감이 우리를 새로운 경험으로 이끌어줄 거야.'

30년이 흘러 남편이 "당신만 믿고 살 거야"라고 말할 때, 나는 그 말의 무게를 안다.

그것은 단순한 사랑 고백이 아니라, 서로의 다름을 인정하고 받아들인 성숙한 신뢰의 표현이다.

서로 다른 두 사람이 하나가 되는 것은 같아지는 것이 아니라, 서로의 다름을 인정하고 조화시키는 것이다. 그렇게 우리는 한 뼘 더 가까워졌다.

2. 남편의 청력 변화와 함께 시작된 우리의 변화

요즘 주변에서 나이 들면서 생기는 다양한 변화들에 대한 이야기를 자주 듣는다. '갑자기 어지럽고 삐 소리가 나면서 발을 허공에 딛는 것 같다'는 말들을 들을 때마다 남편 생각이 난다.

남편이 50대 초반쯤 나에게 이런 증상을 호소한 적이 있었다.

"여보, 요즘 가끔 어지럽고 귀에서 이상한 소리가 나."

그때 남편의 표정에는 걱정과 궁금함이 섞여 있었다.

"귀에서 삐 소리가 나고, 걸음을 걸으면 허공을 걷는 것 같아."

남편이 조심스럽게 자신의 증상을 설명할 때, 그 목소리에는 뭔가 달라졌다는 느낌이 배어 있었다. "병원에 가 봐야 하나?" 하고 망설이듯 물어보기도 했다.

그때의 나는 아이들을 돌보고 믿음생활에 열중하느라 정신이 없었다. 교회 일도 많았고, 아이들 뒷바라지에도 신경 쓸 일이 한두 가지가 아니었다. "스트레스 때문인가 보다, 좀 쉬면 나아질 거야"라고 생각했다.

"바쁘니까 나중에 시간 날 때 병원 가봐"라고 말하면서도, 정작 그 '나중'을 함께 계획하지는 못했다. 남편도 회사 일이 바쁘다는 이유로 미뤘고, 나 역시 내 일에 급급해서 잊고 지냈다. 가끔 "귀는 어때?"라고 물어봐도 "그냥 그래"라는 대답에 안심하고 넘어갔다.

지금 생각해보니, 그때 좀 더 적극적으로 함께 병원에 가봤더라면 어땠을까 싶다. 조기에 관리를 시작할 수 있었을 텐데.

몇 년이 지나면서 변화는 조금 더 뚜렷해졌다. 처음에

는 TV 볼륨이 조금씩 높아지는 것으로 시작되었다. "여보, 너무 크지 않아?" 하고 물으면 "이 정도가 딱 좋은데?"라며 되묻곤 했다.

그 다음은 전화 통화였다. 상대방의 목소리가 잘 안 들린다며 "여보세요? 좀 더 크게 말씀해주세요"를 반복했다. 처음에는 상대방 문제려니 했지만, 모든 사람과의 통화에서 같은 일이 반복되자 변화를 실감했다.

회사에서도 달라졌다. 일대일 대화는 전혀 문제없었지만, 회의 중에 여러 명이 동시에 이야기할 때는 집중하기가 어려워졌다. 시끄러운 환경에서는 특히 그랬다.

그리고 우리 집에서도 변화가 시작되었다.

"여보, 저녁 뭐 먹을까?"

내가 물었다.

"뭐라고?"
"저녁 뭐 먹을까?"
"뭐?"

"저-녁-뭐-먹-을-까?"

어느 순간 나도 모르게 목소리 톤이 높아져 있었다. 하루에도 몇 번씩 같은 말을 반복해야 했고, 그럴 때마다 목소리는 점점 커져갔다. 의도한 것은 아니었지만 답답한 마음이 목소리에 묻어나는 것 같았다.
그런 내 모습을 보며 남편의 얼굴이 굳어졌다.

"왜 그렇게 큰 소리로 말해? 화난 거야?"

남편이 서운한 표정으로 말했다.
나도 답답했다. 작게 말하면 못 듣고, 크게 말하면 화를 낸다고 생각하고. 대체 어떻게 하라는 건지 모르겠었다.
갈등이 고조될 때면 나는 숨을 크게 한 번 쉬고 아예 말을 하지 않았다. 무슨 말을 해도 제대로 전달되지 않을 것 같고, 또 다시 목소리가 높아질 것 같아서. 차라리 침묵이 낫다고 생각했다.
하지만 그런 내 모습에 남편은 더욱 속상해했다.

"왜 말도 안 해? 내가 그렇게 귀찮아?"

소외감과 서운함이 뒤섞인 그의 목소리에서 상처받은 마음이 느껴졌다.

우리의 일상은 점점 어색해져갔다. 간단한 대화조차 피곤한 일이 되었고, 서로를 향한 짜증과 답답함이 쌓여갔다.

남편은 자신의 상황이 답답했을 것이다. 세상의 소리들이 예전처럼 선명하게 들리지 않는 것도 힘든데, 가장 가까운 사람인 아내마저 자신 때문에 스트레스받는다는 생각에 마음이 무거웠을 것이다.

나 역시 마찬가지였다. 남편을 도와주고 싶은 마음은 간절한데, 어떻게 해야 할지 몰라 답답했다. 그리고 솔직히 말하면, 매번 큰 소리로 반복해서 말해야 하는 것이 피곤했다. 그런 내 자신이 야속하면서도 어쩔 수 없었다.

그렇게 우린 권태기 부부의 모습대로 살아가고 있었다.

3. 함께 찾은 새로운 소통

'병원에 가보자'고 여러 번 권했지만, 남편은 '아직 괜찮다'며 미뤘다. '바쁘니까 나중에', '아직 참을 만하니까'라는 말로 병원 가는 것을 계속 미뤘다.

사실 나도 어느 정도는 이해했다. 남편이 자신의 변화를 받아들이기 어려워한다는 것을. 평생 누구보다 건강하고 활기찼던 사람이었기에, 나이가 들면서 찾아오는 변화들을 인정하기 싫었을 것이다.

결국 주변의 권유로 대학병원에서 정밀 검사를 받게 된 것은 거의 10년이 지나서였다. 각종 검사를 받고 3주를 기다린 끝에 들은 결과는 예상했던 대로였다.

"나이가 들면서 자연스럽게 나타나는 변화입니다. 보청기를 잘 사용하시면 훨씬 편해지실 거예요. 다만 좀 더 일찍 오셨더라면 더 다양한 관리 방법이 있었을 텐데 아쉽네요."

그 순간 나는 가슴이 무거워졌다. 그때 내가 좀 더 적극적으로 남편과 함께 병원에 갔더라면… 하지만 남편은 의외로 담담했다.

"그렇다면 써보자. 이제라도 해결책이 있다니 다행이야."

오히려 나보다 더 적극적이었다. 그 모습을 보며 나는 깨달았다. 그동안 내가 얼마나 혼자 끙끙 앓고 있었는지를.
첫 보청기를 착용한 날의 일은 지금도 생생하다. 남편의 표정이 순식간에 밝아졌다.

"와, 이렇게 작은 소리까지 다 들리는구나. 새소리가 이렇게 선명했나?"

새로운 세상이 열린 것 같다며 신기해했다. 그동안 놓쳤던 소리들 - 시계 똑딱거리는 소리, 냉장고 돌아가는 소리, 심지어 나의 작은 한숨소리까지도 다시 들을 수 있다는 것에 감동했다.

하지만 적응에는 시간이 필요했다. 집에서는 편안함을 위해 보청기를 빼고 있는 시간이 많았기 때문이다. 처음 몇 주는 하루 종일 착용하기 어려워했다. '귀가 답답하다', '소음이 너무 크게 들린다'며 자주 빼곤 했다.

특히 신체적인 불편함이 생각보다 컸다. 하루 종일 보청기를 끼고 있다 보니 귓구멍이 아프기 시작했다. 귓속 피부가 계속 자극을 받아 빨갛게 되고, 때로는 따갑기까지 했다. 마치 안경을 오래 쓰고 있으면 콧등이 눌려서 아프거나, 안경다리 때문에 귀 뒤가 아픈 것과 비슷한 이치였다.

"이런 게 있을 줄 몰랐네."

남편이 귀를 만지작거리며 말했다.

"안경은 벗으면 그만인데, 이건 벗으면 못 듣잖아."

그래서 처음에는 2-3시간 착용하다가 쉬고, 다시 착용하는 식으로 점진적으로 시간을 늘려갔다.

그때부터 나는 달라졌다. 남편에게 말할 때는 일부러 천천히, 또박또박 말했다. 한 번에 알아듣지 못해도 짜증내지 않고, 알아들을 때까지 차분히 반복했다.

무엇보다 집에서는 남편이 보청기를 빼고 있다는 사실을 늘 인지하려고 노력했다. 뒤에서 갑자기 말을 걸지 않고, 먼저 어깨를 가볍게 터치해서 내가 말하려고 한다는 것을 알려주었다.

처음에는 이런 변화가 어색했다. 마치 연기를 하는 것 같기도 했다. 하지만 점차 익숙해지면서, 이것이 새로운 우리만의 소통 방식이 되었다.

남편도 변했다. 예전처럼 못 들었다고 서운해하지 않았다. 대신 "미안해, 다시 한 번만 말해줄래?"라고 정중하게 부탁했다. 그리고 내가 천천히 말해주면 고맙다는 표정을 지었다.

우리는 함께 작은 신호들도 만들었다. 텔레비전을 볼 때는 소리가 클 때 손짓으로 알려주고, 전화벨이 울리면 내가 먼저 알아차려서 남편에게 알려준다. 외출할 때는 남편이 보청기를 꼭 챙겼는지 서로 확인하는 것이 습관이 되었다.

이제는 남편과 함께 외출할 때도 자연스럽다. 누군가 남편에게 말을 걸면 내가 다시 한 번 전달해준다. 회사에 손님이 오면 남편이 먼저 "제가 보청기를 사용하고 있어서 아내와 함께 미팅하겠습니다"라고 양해를 구한다.

주변 사람들도 이해해주었다. 특히 오랜 친구들은 남편과 대화할 때 자연스럽게 천천히 말하고, 중요한 내용은 반복해서 말해주었다. 사실 친구들 중에도 청력이 떨어졌지만 그냥 참고 지내는 분들이 있다. 안경 쓰는 것은 당연하게 받아들이면서도, 보청기에 대해서는 아직 망설이는 분위기다. 비용 부담도 있겠지만, 삶의 질 향상을 생각한다면 용기를 내보시길 권하고 싶다.

때로는 남편이 미안해하며 "당신만 고생시키는 것 같다"고 말할 때가 있다. 그럴 때마다 나는 "우리가 언제 남이었나, 당신이 아프면 나도 아픈 거고, 내가 건강하면 당신도 건강한 거야"라고 말한다.

그리고 정말로 그렇다고 생각한다. 오랜 시간 함께 살

아온 부부는 이미 하나가 된 것이다. 서로의 귀가 되어주고 눈이 되어주고 손과 발이 되어주며 살아가는 것이 부부가 아닐까.

지금 돌이켜보면, 보청기를 착용하게 된 것이 위기가 아니라 오히려 우리 부부에게는 새로운 기회였다고 생각한다. 더 깊이 서로를 이해하게 되었고, 더 세심하게 배려하는 방법을 배웠다. 무엇보다 함께라면 어떤 변화도 극복할 수 있다는 확신을 갖게 되었다.

혹시 비슷한 상황에 있는 다른 부부들에게 말해주고 싶다. 변화를 두려워하지 말고, 함께 받아들이며 새로운 방법을 찾아가라고. 사랑하는 사람과 함께라면 어떤 어려움도 오히려 더 깊은 사랑을 확인하는 기회가 될 수 있다고.

4. 당신이 내 귀가 되어주니 세상이 더 따뜻하다

어느 날 남편이 내게 말했다.

"당신이 내 귀가 되어주니까 세상 소리가 더 따뜻하게 들린다."

그 말을 들으며 나는 울컥했다. 가슴 깊은 곳에서 뭔가가 뜨거워지면서 눈물이 흘러내렸다. 그동안의 갈등과 오해가 모두 녹아내리는 순간이었다. 이런 진심 어린 한마디가 얼마나 큰 힘이 되는지 새삼 깨달았다.

젊었을 때의 사랑이 설렘과 열정이었다면, 지금의 사랑은 아픔을 함께 나누고 서로의 부족함을 채워주는 것이다. 결혼 서약에서 "건강할 때나 병들 때나"라고 맹세했던 그 말이 이제야 진정한 의미로 다가온다.

돌이켜보면 그 모든 갈등이 선물이었다. 서로 답답해하고 서운해했던 그 시간들, 말을 하지 않고 침묵으로 버텼던 그 순간들까지도. 그 갈등이 없었다면 우리는 서로의 진짜 마음을 알지 못했을 것이다.

그리고 조기에 대응하지 못했던 아쉬움도 이제는 더 나은 사랑을 하게 만드는 원동력이 되었다. 다시는 소중한 사람의 변화를 가볍게 여기지 않겠다고 다짐했다. 바쁘다는 핑계로 사랑하는 사람을 뒷전으로 미루지 않겠다는 마음도 가슴 깊이 새겨졌다.

갈등을 통해 우리는 서로를 더 깊이 이해하게 되었다. 사랑한다는 것은 상대방의 변화를 자연스럽게 받아들이는 것이고, 함께 늙어간다는 것은 서로의 불편함도 따뜻하게 감싸 안는 것임을 알았다.

이런 일이 있었다. 둘째 아이가 집에 들렀다가 우리 부부가 대화하는 모습을 보더니 나중에 나에게 조용히 말했다.

"엄마, 아빠랑 대화할 때 엄마가 정말 다정하게 말씀하시네요. 예전보다 더 부드러워 보여요."

그래서 내가 웃으며 말했다.

"아빠가 잘 들을 수 있도록 천천히 말하는 거야. 우리가 서로 맞춰가는 거지."

그러자 아이가 "그래서 둘이 더 다정해 보이나 봐요. 보기 좋아요"라고 말했다. 그 순간 뭉클했다. 우리 아이들도 부모의 변화를 따뜻한 시선으로 바라보고 있었구나.

요즘 남편은 새로운 습관이 생겼다. 아침에 일어나면 제일 먼저 창문을 열고 잠시 귀 기울인다. 그리고는 내게 말한다.

"오늘은 참새 소리가 유난히 맑네"
"비 올 것 같은데, 바람 소리가 다르다."

예전에는 무심코 지나쳤을 소리들을 이제는 더 세심하

게 듣고 있다. 다시 찾은 청력이 그에게는 새로운 일상의 기쁨을 선물해준 것 같다.

가끔 우리는 함께 음악을 듣는다. 남편이 좋아하는 옛날 가곡을 틀어놓고 나란히 앉아 있으면, 어느새 그와 함께 작은 소리로 따라 부르다보면 "당신 목소리도 예전보다 더 달콤하게 들려"라고 말하며 내 손을 꼭 잡는다. 그럴 때면 마치 신혼 때로 돌아간 것 같은 기분이 든다.

오늘도 남편과 함께 조용한 산책을 나선다. 그가 보청기를 착용하고 나면 새소리, 바람소리까지 선명하게 들린다고 한다. "오늘 새소리가 특히 아름답네"라고 말하는 남편의 얼굴에는 여전히 미소가 가득하다.

비록 그의 청력이 예전 같지 않지만, 내가 세상의 소리를 대신 들어주고 전해준다.

"새소리가 참 예쁘다"
"바람 소리가 시원하다."

이렇게 우리는 함께 세상을 듣고, 함께 세상을 살아간다. 나이가 들면서 몸의 여러 부분에 변화가 생기는 것은 자연스러운 일이다. 물론 처음에는 당황스럽고 어색했지만, 이제는 그 변화를 함께 받아들이며 적응해나가고 있다. 우리는 이 경험을 통해 사랑이 단순한 감정이 아니라 매일매일의 선택이고 실천임을 깨달았다.

변화는 때로 새로운 아름다움을 발견하게 해주는 선물이기도 하다. 나이 들어가는 것이 두렵지 않다. 서로 곁에 있으니까. 앞으로도 어떤 변화가 오든 우리는 함께 잘 적응해나갈 것이다.

이제는 젊은 시절의 그 치열했던 사랑과는 다른, 고요하지만 더 깊은 사랑 속에서 살고 있다. 우리에게 남은 시간들이, 그 어느 때보다 소중하고 아름답게 느껴진다.

그것이 오랜 세월을 함께 살아온 부부의 지혜이고 사랑이다. 함께 듣는 세상의 소리가, 혼자 듣는 것보다 훨씬 더 따뜻하고 아름답다는 것을 우리는 이제 안다.

5. 갱년기 엄마와 사춘기 아들, 드디어 마음이 통하다

우리 가족은 남편, 나, 두 딸, 막내 아들 이렇게 다섯 식구다. 아이들이 어릴 때는 정말 평화로운 왕국 같았다. 가족끼리 모여 앉아 이야기하고, 함께 밥 먹고, 그런 평범한 일상이 세상에서 가장 자연스러운 일이었다.

하지만 모든 왕국에는 균열이 생기기 마련이다. 아이들이 커가면서 뭔가 달라지기 시작했다. 특히 막내 아들과는 다른 문제가 있었다. 내가 늦둥이로 낳은 아이라 그런지, 내 갱년기와 아이의 사춘기가 딱 겹쳤다. 마치 두 개의 폭풍전선이 정면으로 충돌하는 것 같았다.

갱년기라는 것이 이렇게 예측 불가능한 것인지 몰랐

다. 아침에 일어날 때마다 내 감정이 어떤 색깔일지 알 수 없었다. 어떤 날은 사소한 일에도 눈물이 나고, 어떤 날은 별것 아닌 말에도 화가 치밀었다. 갑자기 얼굴이 확 달아오르는 홍조와 밤마다 찾아오는 불면증까지 겹치니 감정 조절이 더욱 어려웠다. 마치 내 마음 안에 누군가 멋대로 스위치를 돌리고 있는 것 같았다.

그런 내 앞에 나타난 것이 바로 자신만의 혼란 속에서 길을 찾으려는 사춘기 막내였다. 17살 아들은 하루가 다르게 변하고 있었다. 목소리도 이상해지고, 표정도 늘 뭔가 불만스러워 보였다.

"엄마, 학교가 너무 힘들어."

어느 날 저녁, 아들이 고개를 숙인 채 이렇게 말했다. 예전의 나라면 "어디가 힘든지 말해봐, 엄마가 도와줄게"라고 했을 텐데, 그날 내 입에서 나온 말은 달랐다.

"뭐가 힘들어? 남들도 다 똑같은데. 요즘 아이들은 조금만 어려워도 다 힘들다고 하네."

그 순간 아들의 얼굴이 굳어지는 것을 봤다. 뭔가 잘못 말했다는 걸 알았지만, 이미 내뱉은 말은 주워 담을 수 없었다. 아들은 "아무것도 아니야"라고 중얼거리며 방으로 들어가 버렸다.

지금 생각해보면 이건 정말 잔인한 대답이었다. 힘들다고 손을 내미는데 "남들도 다 그래"라며 그 손을 밀어낸 것이었다.

그 이후로 우리의 일상은 점점 가시밭길이 되어갔다. 작은 일에도 서로 날카로운 가시를 세우고, 말 한마디에도 상처받기 일쑤였다. 막내와는 매일이 전쟁터 같았다. 마치 서로 다른 주파수에서 방송하는 라디오처럼, 소통이 되지 않았다.

"숙제는 했어?"
"했어요." (짜증 섞인 목소리)
"방 정리는?"
"나중에 할 거예요." (더 짜증)
"언제 나중에? 맨날 나중에만…"
"아! 진짜 시끄러워요!"

이런 대화가 매일 반복되었다. 나도 모르게 목소리가 높아지고, 아들도 방문을 쾅 닫으며 들어가버리는 일이 일상이 되었다.

시간이 지나면서 서로 소리 지르는 일은 줄어들었다. 하지만 새로운 문제가 생겼다. 더 조용하지만, 더 마음을 아프게 하는 문제가.

예전에는 우리 가족이 함께 밥 먹는 시간이 길고 즐거웠다. 하루 있었던 일들을 이야기하고, 농담도 하고, 그런 시간이 가장 소중했는데…

어느 순간부터 막내가 달라졌다. 처음엔 밥을 먹으면서 이어폰을 끼고 자신만의 세계로 들어가더니, 나중엔 아예 혼자 먼저 밥을 먹고 방으로 들어가 버렸다. 식탁에 놓인 빈 의자가 무언의 항의를 하는 것 같았다.

그때서야 깨달았다. 내가 얼마나 많은 상처를 심어놨는지를…

아들이 게임 이야기를 하면 "공부는 안 하고 게임만 하네", 친구 이야기를 하면 "친구들과 놀 시간에 책이나 읽어", 학교 이야기를 하면 "그런 걸로 힘들어하면 어떻게 살아?"

나는 이게 밥상머리 교육이라고 생각했다. 하지만 아들에게는 그냥 판결문 낭독 시간이었던 거다. 대화가 아니라 일방적인 훈계였으니까.

그러던 어느 날, 갱년기와 사춘기의 폭풍이 정면충돌하는 사건이 벌어졌다.

그날도 사소한 일로 언성이 높아졌다. 무엇 때문이었는지도 기억나지 않을 정도로 별것 아닌 일이었다. 하지만 서로의 감정은 이미 한계점에 와 있었다.

"아! 정말 그만해요!"

아들이 소리를 지르며 방으로 뛰어들어가더니 문을 쾅 닫아버렸다. 그 소리가 온 집안을 울렸다. 평소 같으면 시간이 지나면 괜찮아질 거라고 생각했을 텐데, 그날은 달랐다. 갱년기로 예민해진 내 감정이 폭발 직전이었다.

참을 수 없었다. 문을 열려고 손잡이를 돌렸는데 잠겨 있었다. 그 순간 내 안의 모든 감정이 폭발했다. 제어가 안 되었다.

"문 열어! 당장 문 열어!"

기어코 방문을 쾅쾅 두드렸다. 주먹으로, 손바닥으로 계속 두드렸는데도 열어주지 않았다. 그러자 더욱 화가 치밀어 올랐다. 결국 열쇠를 가져와서 문을 열고 들어갔다.

그런데 방 안에서 마주한 아들의 표정이 의외였다. 화가 나서 반항하는 모습이 아니라, 당황하고 어리둥절해하는 얼굴이었다. 사실 아들도 화가 나서 문을 닫긴 했는데, 그토록 쾅 소리가 날 줄 몰랐던 것이다. 당황하고 있던 차에 기어코 열쇠로 문을 열고 들어오는 엄마를 보니 더 어이가 없었던 모양이었다.

"엄마... 왜 이래요?"

아들의 목소리에는 화보다는 당황스러움이 더 많이 섞여 있었다. 그 순간 나도 정신이 번쩍 들었다. 내가 뭘 하고 있는 건지, 얼마나 감정적으로 행동하고 있는지 깨달았다.

"미안해…"

그 말밖에 할 수 없었다. 방에서 나와 문을 닫았는데, 가슴이 두근거렸다. 내가 너무 심했구나 하는 생각이 들었다.

며칠 후 큰딸이 조심스럽게 말했다.

"엄마, 아무리 화가 나도 문까지 열쇠로 열고 들어가는 건 아닌 것 같아."

그 말을 듣는 순간 얼굴이 화끈거렸다. 내가 정말 선을 넘었구나 하는 생각이 들었다. 아이의 사생활을 침범한 것이었다. 갱년기라는 핑계로 내 감정을 제어하지 못한 것이었다.

그날 밤 남편이 조심스럽게 말했다.

"여보, 요즘 막내가 우리를 피하는 것 같지 않아?"

그 말에 가슴이 뜨끔했다. 남편의 말이 맞았다. 아들은 점점 우리에게서 멀어지고 있었다.

"내가... 너무 심했나?"
"심했다기보다는... 아이가 말하려고 할 때 우리가 너무 빨리 결론을 내린 것 같아. 일단 들어보고 나서 이야기하면 어떨까?"

남편의 말을 듣고 나니 내가 얼마나 성급했는지 깨달았다. 아들의 말을 끝까지 듣지도 않고 훈계부터 시작했으니, 그 아이가 입을 다물 수밖에.

그래서 결심했다. 30년 넘게 내 안에 자리 잡은 '옳은 말 하는 엄마'를 버리고, '마음을 듣는 엄마'가 되기로 말이다.

마침 그때 읽고 있던 책에서 이런 구절을 봤다.

"대화할 때는 무조건 공감이 먼저다. 나도 모르게 튀어나오는 '그게 아니라' 말고, 일단 '아, 그랬구나'부터 시작해보라."

30년 넘게 굳어진 반응을 바꾸는 것은 마치 오른손잡이가 왼손으로 글씨를 쓰는 것처럼 어려웠다. 하지만 해보기로 했다.

처음에는 변화가 쉽지 않았다. 가끔 예전 습관이 고개를 들었다.

"엄마, 수학 시험 망쳤어."
"아, 요즘 그렇게 게임만 하더니!"

아! 또 했다. 아들의 표정이 다시 굳어졌다.

"미안해, 엄마가 또 성급했네. 시험이 어려웠나 보다?"
"응... 좀 어려웠어. 그런데 엄마는 또 게임 때문이라고 생각하겠지?"
"아니야, 엄마가 잘못 생각했어. 넌 열심히 했는데도 어려웠구나."

이런 실수를 몇 번 반복하면서 조금씩 나아졌다. 이렇

게 접근 방식을 바꾸니까 정말 기적 같은 일이 일어났다. 아들이 나와 대화할 때 편안해하는 모습이 눈에 보였다. 방어벽을 쌓던 표정이 사라지고, 자연스럽게 이야기하기 시작했다.

어느 날은 아들이 먼저 말을 걸어왔다.

"엄마, 오늘 학교에서 재미있는 일이 있었는데…"

그 순간 나는 가슴이 뭉클해졌다. 언제부터 우리가 이렇게 멀어져 있었는지 깨달았기 때문이다.

판결 대신 공감을, 훈계 대신 지지를 보여주니까, 서로의 감정을 존중하게 되었다.

아들도 변했다. 내가 갱년기로 힘들어할 때 "엄마, 괜찮아?"라고 물어보기 시작했다.

어느 날, 나도 모르게 아들에게 짜증을 낸 적이 있었다. 그런데 아들이 이렇게 말하는 거다.

"엄마도 힘드시구나. 괜찮아요, 엄마. 저도 사춘기라서 짜증 많이 냈잖아요."

그 말을 듣는 순간 눈물이 핑 돌았다. 언제 이렇게 어른스러워진 걸까.

우리가 서로의 스승이 되어가고 있다는 것을 깨달았다. 나는 아들에게 소통하는 법을 배우고, 아들은 나에게 이해하는 법을 배우고 있었다.

이제 우리 집 식탁에는 빈 의자가 없다. 아들도 다시 우리와 함께 밥을 먹는다. 그리고 그 시간에는 판결문이 아니라 진짜 대화가 흐른다. "아, 그랬구나"로 시작되는 따뜻한 대화가.

돌이켜보면 그 모든 갈등이 선물이었다. 갱년기와 사춘기의 격돌, 매일 반복되던 크고 작은 마찰들, 식탁에 놓인 빈 의자, 그리고 그 충격적인 문 여는 사건까지도. 그 모든 것이 나에게 진정한 소통이 무엇인지 가르쳐주었다.

갈등은 우리에게 거울을 선사했다. 그 거울을 통해 나는 아들의 외로운 마음을 보았고, 내가 얼마나 일방적인 사랑을 강요하고 있었는지도 보았다.

현대 사회는 모든 것을 빠르고 효율적으로 해결하라고 재촉한다. 하지만 진짜 소통은 그런 게 아니었다. 때로는 느리더라도, 서로의 마음이 닿을 때까지 기다려주는 것이었다.

마음속에 쌓였던 상처들을 하나씩 치유하고 그 자리에 따뜻함을 심는 일.

"아, 그랬구나"로 시작해서 감정을 이해해주는 그 작은 변화가 우리 가족을 다시 식탁으로 불러모았다.

상처가 아물며 더 단단해진 관계. 그것이 바로 진정한 소통이 주는 치유의 힘이었다.

6. 화해의 첫 걸음은 함박웃음이었다

갈등은 언제나 예고 없이 찾아온다. 아무리 조심해도, 아무리 사랑하는 사이라도 한마디 실수로 분위기가 차가워지고 점차 대화를 할 수 없는 지경에 이르곤 한다.

요즘 남편이 열심히 독서 생활을 하며 얻게 되는 지식과 간접경험을 통해 매우 고무적인 모습으로 성장하고 있다. 그런 남편을 보며 나는 자랑스럽기도 하고 뿌듯하기도 하다. 젊은 시절에는 책과 거리가 멀었던 사람이 이제는 하루도 책 없이는 못 사는 사람이 되었으니까.

얼마 전 그런 남편이 회사의 비전에 대해 매우 진지한 표정으로 나에게 이야기하고 있었다. 그는 자신의 꿈과 목표를 열정적으로 설명하며, 그 비전이 얼마나 중요하고 의미 있는지를 강조했다.

"여보, 우리 회사가 앞으로 이런 방향으로 나아가면…"

남편의 눈에는 열정이 가득했다. 마치 소년처럼 반짝이는 눈으로 자신의 꿈을 펼쳐놓고 있었다. 그 모습을 보면서 그의 열정에 감명을 받았다.
하지만 끝까지 경청해 주지 못했다. 대화 중 마음에 들지 않는 한 대목이 나왔다. 그 순간 나도 모르게 말꼬리를 잡고 말았다.

"그런데 그게 정말 현실적일까? 너무 이상적인 것 아니야?"

그 순간 남편의 표정이 굳어졌다. 방금 전까지 반짝이던 눈빛이 순식간에 꺼져버렸다.

"나 말 안 해!"

남편은 짧고 단호하게 말하며 입을 다물어버렸다. 한순간에 분위기는 엉망이 되어버렸다. 침 한 번 삼키고 조용히 기다려 줬어야 했는데…

어색한 긴장이 감돌았다. 한동안 침묵이 흘렀고, 그 침묵을 깨기 위해 고민했다. 어떻게 이 상황을 풀어야 할지, 대화를 다시 이어가려면 어떤 말을 해야 할지 머릿속에서 여러 가지 생각이 오갔다.

'내가 왜 그랬을까? 남편이 그렇게 열심히 이야기하는데…'

마음속으로는 미안했지만, 입으로는 쉽게 사과가 나오지 않았다. 오히려 '내 말도 맞는 말인데 왜 저렇게 화를 낼까'라는 생각이 먼저 들었다.

그런 내 마음을 아는지 모르는지, 남편은 계속 입을 다물고 있었다. 평소 같으면 이런 상황에서 먼저 화해의 손길을 내밀곤 했는데, 이번에는 정말 상처받은 것 같았다.

시간이 더 흐를수록 분위기는 더욱 차가워졌다. 이러다가는 하루 종일 이 어색함이 계속될 것 같았다.

그러던 중 다행히도 남편이 먼저 말을 꺼냈다.

"왜 또 삐딱하게 구냐?"

그 말에는 서운함과 아쉬움이 섞여 있었다. 하지만 나에게는 기회였다. 이 순간을 놓치면 안 되겠다는 생각이 들었다.
그때 지금이 기회라고 생각하며 함박웃음을 지었다. 진심으로, 마음 깊은 곳에서 우러나는 웃음이었다.

"삐딱하게 군 게 아니라 제가 부족한 탓에 실수를 했네요."

남편이 조금 놀란 표정을 지었다. 아마 화를 내거나 변명을 할 거라고 예상했을 텐데, 예상과 다른 반응이었던 것 같다.

"그럼 우리가 그 비전을 어떻게 함께 이룰 수 있을지 이야기해보면 되겠네요!"

그 순간 남편의 얼굴에도 미소가 번졌다. 웃음이 얼마나 강력한 치유의 힘을 가지고 있는지 새삼 깨달았다.

"정말? 같이 생각해볼 거야?"
"물론이죠! 당신이 그렇게 열정적으로 이야기하는데, 제가 찬물을 끼얹었네요. 미안해요."

남편의 표정이 완전히 달라졌다. 조금 전까지의 상한 마음이 눈 녹듯 사라지는 게 보였다. 웃음이 긴장을 풀어주었고, 우리는 다시 대화를 이어갈 수 있었다.

"사실 당신 말도 맞아. 너무 이상적일 수도 있지. 그런데 꿈이 없으면 아무것도 시작할 수 없잖아?"

"맞아요. 꿈은 크게 꾸고, 계획은 차근차근 세워가면 되는 거죠."

그 이후 우리는 남편의 비전에 대해 진지하게 이야기를 나눴다. 내가 처음에 제기했던 현실적인 문제들도 건

설적으로 논의할 수 있었다. 갈등의 순간을 웃음으로 넘겼기 때문에 서로의 의견을 존중하며 대화할 수 있었던 것이다.

소소한 갈등이 지나고 나니 우리는 서로의 감정을 다시 이해하게 되었고, 그 과정에서 더 깊은 친밀감을 느꼈다. 이 경험은 단순한 갈등의 해소를 넘어서, 서로의 입장을 존중하는 계기가 되었다.

생각해보니 우리 부부에게는 이런 일이 자주 있었다. 서로 다른 의견을 가지고 있다가 작은 마찰이 생기고, 그것이 때로는 큰 갈등으로 번지기도 했다.

하지만 이번 경험을 통해 깨달았다. 갈등 자체가 문제가 아니라, 갈등을 어떻게 풀어가느냐가 중요하다는 것을. 그리고 웃음이 얼마나 강력한 해결책이 될 수 있는지도.

웃음에는 마법 같은 힘이 있다. 차가워진 마음을 녹이고, 딱딱해진 분위기를 부드럽게 만들어준다. 무엇보다 서로에 대한 사랑을 다시 확인하게 해준다.

그날 이후 남편과 나는 새로운 대화 방식을 갖게 되었다. 의견이 다를 때 바로 반박하기보다는 먼저 상대방의 말을 끝까지 들어주기로 했다. 그리고 혹시 갈등이 생기더라도 웃음으로 풀어가기로 약속했다.

"여보, 이번엔 내 말 끝까지 들어줄 거지?"

남편이 장난스럽게 말하면, 나도 웃으며 대답한다.

"물론이죠. 중간에 끼어들면 벌금!"

이런 식으로 농담을 섞어가며 대화하니 훨씬 편안하고 자연스러워졌다. 갈등을 피하려고 하는 것이 아니라, 갈등이 생겨도 잘 풀어갈 수 있다는 자신감이 생겼다.

갈등은 우리에게 선물을 주었다. 서로를 더 깊이 이해하게 되는 것, 그리고 더 나은 소통 방식을 찾게 되는 것. 무엇보다 웃음의 힘이 얼마나 큰지 깨닫게 해주었다.

만약 그날 내가 웃음으로 갈등을 풀지 않았다면 어떻게 되었을까? 아마 서로 고집을 부리며 하루 종일 삐죽거렸을 것이다. 그리고 남편의 소중한 꿈 이야기를 들을 기회도 놓쳤을 것이다.

하지만 웃음 덕분에 우리는 갈등을 기회로 만들 수 있었다. 서로의 다름을 인정하고, 함께 성장할 수 있는 방법을 찾게 되었다.

이제 안다. 갈등이 생겼을 때 가장 필요한 것은 옳고

그름을 따지는 것이 아니라, 서로의 마음을 이해하려는 노력이라는 것을. 그리고 그 노력의 시작은 따뜻한 웃음일 수 있다는 것을.

7. 말하지 않고도 전해지는 가족의 사랑

바쁜 일주일을 보내고 주말이 되면, 우리는 한자리에 모여 식탁에서 그동안 있었던 이야기들을 나누곤 한다. 이 시간만큼은 세상 그 어떤 것보다 소중하다. 각자의 작은 일상들이 모여 우리 가족만의 특별한 이야기가 되는 순간이니까.

가족이 함께하는 대화의 시간을 지켜보면서, 나는 '듣기'가 얼마나 강력한 위로의 도구인지 깨닫게 되었다. 때로는 해결책을 제시하는 것보다, 그저 마음을 열고 들어주는 것만으로도 충분한 치유가 일어난다.

우리 집 막내인 아들은 요즘 김동률의 열렬한 팬이 되

었다. 그의 노래와 비하인드 스토리를 들려주는 시간이 늘어났다.

"엄마, 김동률 콘서트 티켓이 나왔대! 나도 가고 싶다!"

반짝이는 눈으로 말하는 아들을 보면, 나도 모르게 그 설렘에 마음이 뛴다. 사실 누나들의 첫 콘서트마다 내가 직접 함께했던 추억들이 있어서 아들에게는 미안한 마음이 든다. 큰딸의 박효신 콘서트, 작은딸의 비스트 콘서트까지… 함께 노래를 따라 부르며 웃었던 기억들이 여전히 가슴 한편에 남아있다.

가족들은 막내의 취향이 좀 올드하다며 웃지만, 그 또한 우리 아들만의 개성이다. 음악이라는 언어로 서로의 마음을 나누는 이 순간들이 얼마나 귀한지 새삼 깨닫는다. 아들이 신나게 들려주는 김동률의 이야기를 들으며, 나는 그의 열정 자체를 온전히 받아들이려 한다.

큰딸이 직장생활을 시작하면서 우리 식탁에는 새로운 이야기꽃이 피어났다. 평소 내성적인 딸이지만, 내가 살며시 "오늘 회사는 어땠어?"라고 물어보면 하루 종일 품고 있던 이야기들을 차례차례 꺼내놓기 시작한다.

그녀의 이야기는 마치 한 편의 드라마 같다. 때로는 이해할 수 없는 상사의 행동에 답답해하기도 하고, 때로는 동료들과의 에피소드에 웃음을 터뜨리기도 한다. 그런 순간 나는 그저 따뜻한 시선으로 바라보며 끝까지 들어준다.

가끔 "그 사람은 왜 그런 생각을 했을까?"라고 물어보면, 딸은 더 깊이 생각해보며 자신만의 해답을 찾아간다. 집이라는 안전한 공간에서 하루의 스트레스를 풀어내는 딸의 모습이 대견하면서도 고맙다.

작은딸 역시 직장생활을 시작하면서 우리 가족의 이야기는 더욱 풍성해졌다. 첫 사회생활의 어려움 속에서 "엄마, 나 일 년만 다니고 그만둘래!"라고 털어놓는 딸의 목소리에는 불안과 두려움이 섞여 있다.

이런 순간 나는 절대 다그치지 않는다. "아니야, 조금만 더 해봐! 처음부터 잘하는 사람이 어디 있어!"라고 다독이기도 하고, 어떤 날은 "그래, 그런 회사가 어디 있냐! 말도 안 돼!"라며 내가 더 흥분하면 오히려 딸이 나를 진정시키곤 한다.

그러다 보면 우리는 자연스럽게 그녀의 고민을 함께 나누게 된다. 첫 사회생활의 모든 것이 낯설고 새로운 도전이기에 더욱 힘들게 다가오는 것이 당연하다는 것을, 그 과정에서 우리 가족이 든든한 버팀목이 되어주고 싶다는 것을 전한다.

어느 날, 큰딸이 동생의 푸념을 듣고 참다못해 말했다.

"나도 엄청 힘들어, 그래도 참아. 사회생활이 다 그런 거지. 그런데 왜 이렇게 자주 그만두겠다고 해?"

작은딸은 조금 서운한 목소리로 대답했다.

"언니는 완전 T야? 그건 그냥 푸념하는 거야! 그냥 위로받고 싶어서… 언니도 엄마처럼 공감 좀 해줘!"

이 순간, 작은딸의 목소리에는 언니에게도 이해받고 싶다는 간절한 마음이 담겨 있었다. 첫 사회생활의 불안과 두려움 속에서 가족에게 지지받고 싶어하는 그 마음이 우리 모두에게 깊은 여운을 남겼다.

우리는 모두 한바탕 웃고, 서로의 마음을 조금 더 이해하게 되었다. 작은딸은 언니와의 대화를 통해 자신의 감정이 혼자만 겪는 일이 아니라는 것을 알게 되었고, 큰딸은 동생의 푸념에 귀 기울임으로써 서로의 어려움을 나누는 법을 배웠다.

나이를 먹어가면서 깨닫는 것 중 하나가 남의 말을 잘 듣는 것의 어려움이다. 여러 사람이 모여 이야기를 나누다 보면, 어느새 서로 자기 말만 하고 있을 때가 자주 있다. 특히 인원이 많아지면 각자 자기 이야기에만 몰두하게 되고, 마치 시장처럼 떠들썩해지기 일쑤다.

이런 현상은 어릴 때부터 듣는 훈련이 부족했기 때문이다. 상대가 말을 할 때 끝까지 듣고, 말이 끝난 후에야 자신의 의견을 이야기하는 습관이 형성되지 않았기 때문이다. 나 또한 가끔은 하고 싶은 말을 삼키느라 속이 답답할 때도 있다.

그럴 때마다 나는 새삼 깨닫는다. 말하는 것보다 듣는 것이 훨씬 어렵고 중요한 일이라는 것을. 가족들과의 대화에서 나는 이것을 실천하려고 노력한다. 아이들이 하는 말에 끝까지 귀 기울이고, 그들의 감정을 온전히 받아들이려고 한다.

때로는 조언을 해주고 싶은 마음이 간절하지만, 그저 들어주는 것만으로도 충분한 위로가 된다는 것을 경험을 통해 배웠다.

결국, 좋은 소통의 시작은 상대방의 이야기를 끝까지 따뜻한 마음으로 듣는 데서 비롯된다는 것을 우리 가족의 식탁에서 매일 배워간다. 김동률을 좋아하는 아들의 열정도, 회사에서 힘들어하는 큰딸의 고민도, 사회 초년생으로서 두려워하는 작은딸의 마음도 모두 귀한 이야기들이다.

이런 일상의 대화들이 쌓여서 우리 가족만의 특별한 추억이 되고, 서로를 더 깊이 이해하게 되는 계기가 된다. 듣는다는 것은 단순히 귀로 소리를 받아들이는 것이 아니라, 마음으로 상대방을 받아들이는 일이다.

오늘도 우리 가족은 식탁에 둘러앉아 각자의 하루를 나눈다. 그 시간 동안 나는 최고의 청중이 되어주려고 한다. 듣는 것만으로도 충분한 위로가 되는 시간을 만들어 가는 것이 바로 가족이 함께하는 진정한 의미라고 믿기 때문이다.

4장

50대, 진짜 인생이 시작되다

1. 바쁜 50대에 진짜 필요한 건 멈춤이었다

토요일 아침, 커피를 들고 창가에 서서 밖을 내다본다. 벌써 많은 차들이 줄지어 달리고 있다. 저 차들은 다 어디로 가는 걸까? 아마도 나처럼 주말에도 할 일이 많은 사람들이겠지.

얼마 전까지만 해도 나도 저 차들 중 하나였다. 토요일이면 아침부터 분주했다. 아이 학원 픽업, 마트 장보기, 부모님 안부 인사까지. 주말이 더 바쁜 날도 있었다. 여행을 가면 더 심했다. 마치 전투를 치르듯 빡빡한 일정을 소화해야 직성이 풀렸다. '돈 주고 온 여행인데 이것저것 다 봐야지' 하는 생각에 쉬러 간 여행이 또 다른 일이 되어버리곤 했다.

그런데 언제부턴가 이상했다. 분명 쉬려고 하는데 진짜 쉬어지질 않았다. 몸은 쉬어도 마음은 계속 뭔가를 하려고 안달이었다.

열심히 살았으니 에너지를 보충하기 위해 쉬어야 하는 게 당연하다. 쉬는 것도 훈련이 필요한 것처럼 처음에는 이것조차 쉽지 않았다.

몇 달 전 교동으로 텃밭을 일구러 가기 시작했다. 처음엔 단순했다. 도시 생활에 지쳐 흙을 만지며 자연 속에서 여유를 찾고 싶었던 것이다. 직접 기른 채소를 수확할 때의 그 보람은 정말 특별했다. 토마토 한 알, 상추 한 포기가 이렇게 소중할 수가 없었다.

하지만 현실은 달랐다. 텃밭을 제대로 가꾸려면 풀도 뽑아야 하고, 물도 주어야 하고, 벌레도 잡아야 했다. 쉼을 위해 간 그곳에서 또 열심히 일을 하며 땀을 흘리고 지쳐서 주저앉아 있는 자신을 발견하고 말았다. 그래서 사람들이 귀농이 말처럼 쉬운 일이 아니라고 하는가 보다. 우리처럼 소꿉놀이하듯 하는 것도 이렇게 힘이 드는데 말이다.

특히 한여름이 절정에 다다를 때쯤이면 더위와 함께 풀과의 전쟁이 시작된다. 뽑아도 뽑아도 잘도 자라는 풀들. 물론 제초제를 주면 쉽겠지만, 아직까지는 그냥 풀을 뽑는 수고로움을 택했다.

오늘도 남편은 얼굴이 빨갛게 달아오르고 땀이 뚝뚝 떨어질 때까지 풀을 뽑고 있다. 제발 천천히 하라고 해도 말을 듣지 않는다. 전쟁에서 공을 세우고 싶은 장수마냥 멈추지 않고 질주한다. 그러고는 기진맥진해져서 그늘에 쓰러져 앉는다. 이런 일이 반복되니 제발 밭에 조금만 심자고 말하곤 한다.

그때 깨달았다. 진정한 쉼이란 몸을 멈추는 것이 아니라 마음을 내려놓는 것이라는 것을. 텃밭에서도, 여행에서도, 심지어 집에서도 우리는 무언가를 성취해야 한다는 강박에서 벗어나지 못하고 있었다. 스마트폰을 손에서 놓고, 해야 할 일들의 목록을 잠시 잊고, 그저 지금 이 순간에 온전히 머무르는 것. 그렇게 조금씩 배워가며 나만의 쉼의 방식을 찾아갔다.

이제는 안다. 커피 한 잔을 천천히 마시는 것도, 창밖을 멍하니 바라보는 것도, 좋아하는 음악에 귀 기울이는 것도, 심지어 텃밭에서 땀을 흘리더라도 그 과정을 즐기는 것도 모두 소중한 쉼이라는 것을. 완벽한 휴가지가 아니어도, 긴 시간이 아니어도, 일상 속 작은 틈새에서도 충분히 마음의 평안을 찾을 수 있다는 것을 말이다.

그런 작은 쉼들이 모여 결국 더 큰 에너지와 지혜를 주었다. 쉼은 게으름이 아니라 다시 일어서기 위한 준비이고, 더 나은 내일을 위한 투자라는 것을 이제야 진심으로 이해하게 되었다.

텃밭에서 배운 것도 그것이었다. 성과에만 급급해하지 말고, 흙을 만지고 씨앗을 심고 물을 주는 그 과정 자체를 음미할 수 있다면, 그것이야말로 진정한 쉼이 아닐까. 남편에게도 이제는 말한다.

"천천히 해도 돼. 풀은 내일도 있고, 모레도 있어. 우리가 이기려고 하는 게 아니라 함께 살아가는 거야."

2. 자연이 가르쳐준 진짜 힐링의 의미

이른 아침, 우리만의 작은 쉼터에 도착한다. 창문을 열면 바다가 눈앞에 펼쳐진다. 망망대해는 아니지만, 건너편에 자리한 작은 섬이 마치 수채화 속 풍경처럼 푸른 바다와 어우러져 있다.

처음 이곳에 왔을 때는 '뭘 하지?'라는 생각부터 들었다. 도시에서는 늘 무언가를 해야 한다는 강박이 있었는데, 여기서는 그냥 앉아서 바다를 바라보는 것만으로도 시간이 흘렀다.

이곳의 가장 큰 선생님은 밀물과 썰물이었다. 물이 들어오고 나갈 때마다 바다는 전혀 다른 모습을 보여준다.

서두르지도 않고, 멈추지도 않고, 그저 자연스럽게 자신의 리듬을 따를 뿐이다. 나도 모르게 그 리듬에 맞춰 호흡이 깊어지고, 어깨에 잔뜩 들어간 힘이 빠져나간다.

계절마다 바다는 다른 얼굴을 보여준다. 봄의 부드러운 파스텔 톤, 여름의 깊은 푸른색, 가을의 따뜻한 노을빛, 겨울의 차가운 청록색. 그 변화를 보며 깨달았다. 변화는 자연스러운 것이고, 그 모든 순간이 아름답다는 것을. 나 역시 계절처럼 변해도 괜찮다는 것을.

봄이 오면 남편과 함께 밭을 간다. 가지런히 갈아놓은 밭에 고랑을 만들고 감자를 심는다. 도시에서는 모든 것이 빨리빨리였는데, 여기서는 기다림이라는 새로운 언어를 배웠다.

무심하게 툭툭 잘라 심은 감자가 어느새 쑥쑥 자라 보라 꽃을 피울 때, 그 신비로움에 입이 다물어지지 않았다. 내가 한 일이라고는 심고 물을 주는 것뿐인데, 생명은 저절로 자라고 있었다.

"이게 진짜 힐링이구나" 싶었던 순간은 수확할 때였다. 땅 속에서 포슬포슬한 감자들이 모습을 드러낼 때의 그 설렘이란. 마트에서 사먹던 감자와는 전혀 다른 의미였다. 기다림 끝에 얻은 선물이었다.

양파는 실패작이었다. 지금쯤이면 주먹만 해야 할 양파가 애기 손가락만 했다. 처음엔 속상했다. 하지만 그것도 의미가 있었다. 자연은 내 계획대로 되지 않는다는 것을, 그래도 괜찮다는 것을 배웠다. 작은 양파도 나름의 맛이 있었고, 무엇보다 그 과정에서 얻은 깨달음이 더 소중했다.

고구마는 정말 신기했다. 실뿌리 하나 없는 줄기를 푹푹 찔러 넣었는데, 어느새 뿌리가 내리고 줄기가 무성해져 밭을 가득 메웠다. 마치 포기하지 않는 생명력을 보는 것 같았다.

무더위가 한풀 꺾일 때즈음, 호미를 들고 고구마를 캤다. 땀은 뻘뻘 흘렸지만 마음은 이상하게 평온했다. 도시에서 느끼는 스트레스와는 완전히 다른 종류의 피로였다. 건강한 피로, 보람 있는 피로였다. 올해도 준비해 간 박스가 부족할 만큼 많은 고구마가 나왔다.

그리고 겨울이 오면 밭도 쉰다. 처음엔 아무것도 안 하는 겨울 밭이 허전해 보였는데, 이제는 안다. 쉼이야말로 다음 해 풍성한 수확을 위한 준비라는 것을. 땅도 나도 쉼이 필요하다는 것을.

해가 지면 캠핑 테이블을 차리고 장작불을 붙인다. 타닥타닥 나무 타는 소리를 들으며 고기를 굽는다. 도시에서는 맛집을 찾아다니며 먹는 것에 집착했는데, 여기서는 과정 자체가 맛있다.

고기가 지글지글 익어가는 소리, 바람을 타고 퍼지는 냄새, 불빛에 비친 우리의 얼굴들. 미슐랭 레스토랑에서도 느낄 수 없는 이 만족감은 뭘까? 아마도 함께 만들어가는 시간, 서두르지 않는 여유, 그리고 자연과 함께하는 조화로움 때문일 것이다.

배를 채운 후 하늘을 올려다본다. 도시에서는 볼 수 없던 별들이 하나둘 모습을 드러낸다. 북두칠성, 카시오페아, 북극성까지. 어릴 적 시골에서 봤던 그 별들이다.

그 별들 아래서 문득 깨달았다. 내가 찾던 힐링은 어디 멀리 있는 게 아니었다. 바쁘게 돌아가는 일상에서 잠시 벗어나 자연의 리듬에 몸을 맡기는 것, 기다림을 배우는 것, 작은 것에서도 감사를 느끼는 것. 그것이 진짜 힐링이었다.

이제 월요일 아침이 두렵지 않다. 이곳에서 충전한 에

너지가, 바다가 가르쳐준 여유로움이, 흙이 알려준 기다림이 함께하기 때문이다. 힐링은 어디서 무엇을 하느냐가 아니라, 어떤 마음으로 시간을 보내느냐의 문제였다.

   자연은 아무 말 없이 가장 소중한 것을 가르쳐주었다. 쉼은 멈춤이 아니라 다른 속도로 사는 것이고, 힐링은 치유받는 것이 아니라 원래의 나로 돌아가는 것이라고.

3. 50대에 만난 인생의 진짜 스승들

어느 날 아들이 물어본다.

"엄마, 아빠는 어떻게 60년이나 살았어요? 나는 이제 20년 산 것도 엄청난데…"

그 순간 아들의 커다란 눈망울을 보면서 피식 웃음이 났다. "60년 금방 지나가, 걱정하지 마!"라고 답했지만, 정말 그랬다. 유년 시절의 꿈들, 청년 시절의 열정들, 그리고 결혼하고 중년이 된 지금까지, 지나온 세월들은 모두 한 편의 짧은 영화처럼 느껴진다.

그렇다면 그 세월을 나는 과연 누구의 힘으로 살아온 걸까?

살다 보면 '아, 이럴 때 누군가 길을 알려주면 좋겠다'는 간절한 순간들이 있다. 특히 아이를 키우면서 그런 순간들이 참 많았다. 첫째가 중학교에 들어갔을 때, 갑자기 말수가 줄어들고 방문을 꽁꽁 닫고 지내던 그 시절. 뭔가 잘못된 건 아닌지, 어떻게 다가가야 할지 몰라 밤잠을 설쳤던 그 무력감.

혼자만의 힘으로 모든 것을 해결하려다 보니 때로는 막막하고 외로울 때가 있었다. 그런 순간에 따뜻한 조언 한 마디, 든든한 어깨 하나가 얼마나 소중한지 절실히 느끼게 되었다.

가만히 돌이켜보니 가장 먼저 떠오르는 건 신앙이었다. 정말 힘들었던 그 순간들, 무릎 꿇고 기도하며 눈물을 흘렸던 기억들. 한없이 나약하고 어리석은 내가 혼자만의 힘으로 살기에는 너무나 벅차고 외로웠다. 그때 느꼈던 작은 위안, 마음 깊은 곳에서 올라오던 평안함이 나를 다시 일으켜 세워주었다.

그리고 또 하나, 소중한 가족들이 있었다. 부모님의 무조건적인 사랑, 남편의 든든한 지지, 아이들의 순수한 미소까지. 특히 결혼 초기, 시댁과의 관계가 어려워 속상해할 때 남편이 보여준 따뜻한 배려가 지금도 생생하다. 많은 말보다는 그냥 묵묵히 내 편이 되어주었던 그 마음이 얼마나 고마웠는지.

그런데 인생에는 가족을 넘어서 특별한 길잡이들이 나타난다. 바로 멘토들이다.

사실 지금 이렇게 글을 쓰고 있는 것도 한 분 덕분이다. 처음 그분을 만난 건 교회 문화센터 책쓰기 강의에서였다. 나보다 10살쯤 연상이신 분으로, 이미 책을 여러 권 내신 작가셨다. 그때 나는 소설책 한 권도 끝까지 읽어본 적 없는, 그런 평범한 아줌마였다.

50대 후반이라는 나이에 이런 경험을 하게 될 줄이야. 누군가를 만나 책을 읽고 쓰는 기쁨을 알게 되고, 무너져 있던 자존감이 조금씩 회복되고, 내 삶이 완전히 새로운 방향으로 바뀌는 놀라운 변화를 경험하게 되다니. 정말 감사하고 신기할 따름이다.

첫 시간에 쓴 어설픈 글을 발표했을 때, 선생님이 해주신 말씀이 아직도 귓가에 생생하다.

"당신의 글에는 진정성이 있어요. 사람의 마음을 움직이는 힘이 있다고요."

처음에는 그냥 격려 차원의 위로 말씀인 줄 알았다. 하지만 그 한 마디가 내 마음 깊은 곳에 잠들어 있던 무언가를 깨워주었다. 그때 깨달았다. 진정한 스승은 무엇을 가르치는 사람이 아니라, 내 안에 있는 가능성을 발견하게 해주는 사람이라는 것을.

그렇게 조금씩 글을 써가며 10주를 보냈다. 강의가 끝날 무렵, 선생님께서 제안하셨다.

"강의를 들었던 분들과 함께 공저책을 내보면 어떨까요?"

그렇게 해서 《우리들의 인생수업》이라는 책이 세상에 나오게 되었다. 내 이름이 책 표지에 인쇄되어 있는 것을 처음 봤을 때, 그 벅찬 감정을 지금도 잊을 수 없다. 내 글이 책 한 페이지 한 페이지에 실려 있다는 것 자체가 꿈만 같았다.

나중에 지인들로부터 "책 정말 잘 읽었어요", "감동받았어요"라는 말을 들었을 때의 그 떨림과 기쁨을 아직도 잊을 수가 없다. 그저 일상을 살아가던 내가 누군가에게 감동을 줄 수 있는 이야기를 쓸 수 있다는 게 신기하고 고마웠다.

이런 소중한 경험들을 하면서 깨달은 게 있다. 좋은 스승은 저절로 나타나지 않는다는 것이다. 내가 먼저 열린 마음을 가져야 하고, 용기를 내어 관계를 만들어가야 한다는 것을.

돌이켜보면 인생의 길목마다 아껴주고 인정해주던 소중한 멘토들이 있었다. 그 관계가 지금까지 이어지지 않더라도, 그분들이 내게 주었던 따뜻한 사랑과 격려만큼은 가슴 깊이 간직하고 있다.

이제는 나도 누군가에게 그런 멘토가 되어주는 삶을 살고 싶다. 내 작은 말 한마디가 누군가에게는 위로가 되고 용기가 되는, 그런 사람 말이다. 받은 사랑을 다시 나누어주는 것, 그것이야말로 인생의 아름다운 순환이 아닐까.

아들이 묻던 그 질문을 다시 생각해본다. 60년을 어떻게 살아왔을까?

혼자서는 절대 불가능했다. 수많은 사람들의 도움과 사랑, 그리고 때로는 우연히 만난 스승들의 따뜻한 지혜가 있었기에 가능했다. 그들이 내민 손길 하나하나가 모여서 지금의 내가 되었다.

앞으로 몇십 년을 더 살아가야 하는데, 또 어떤 멋진 스승들을 만나게 될지 벌써부터 가슴이 설렌다. 나이 든다는 것의 가장 큰 축복은 아마도 이런 게 아닐까. 삶의 경험이 쌓일수록 더 깊이 있는 만남들이 가능해지고, 서로에게 더 소중한 의미가 될 수 있다는 것 말이다.

50대 후반, 이제야 알게 되었다. 인생은 혼자 걸어가는 외로운 길이 아니라, 서로 손을 잡고 함께 걸어가는 따뜻한 여행이라는 것을. 그 여행길에서 만나는 모든 인연들이 바로 우리의 진짜 스승들이다.

4. 아프고 나서야 깨달은 건강의 소중함

주변인들이 우울증, 공황장애, 각종 암으로 고생하는 모습을 보면서 마음이 아팠다. 나도 50대를 넘기면서 혈압이 생기고 여기저기 안 아픈 곳이 없는 와중에, 갑작스러운 무릎 통증으로 걷기조차 힘든 상황을 겪으며 건강의 중요성을 절실히 깨달았다.

무릎 통증 때문에 병원 치료와 물리치료, 침 치료를 받았지만 근본적인 해결책이 되지 않았다. 계단을 오르내리는 것도 힘들었고, 장시간 서 있기도 어려웠다. 가장 힘들었던 건 아침에 일어날 때였다. 침대에서 일어나려면 한참을 준비운동을 해야 했고, 첫 발을 내딛는 순간의 그 아픔은 지금 생각해도 아찔하다. 이렇게 통증으로 삶의 질이 떨어지니, 뭔가 근본적인 변화가 필요했다.

몇 개월 후, 내 몸을 근본적으로 치료해야겠다고 결심했다.

먼저 나에게 맞는 방법을 찾아 3일간 디톡스를 시도해 봤다. 첫날은 배고픔과 두통이 심했지만 몸이 정화되는 과정이라 생각하며 버텼다. 이후 일주일간 죽과 채소 위주의 현미 김밥으로 보식하고 본격적인 식단 관리를 시작했다.

그 결과 몇 달 만에 5킬로그램이 줄었다. 하지만 나이 때문인지 운동 부족인지, 조금만 과식해도 몸무게가 다시 늘어나는 것이 아쉬웠다. 그렇게 어렵게 뺀 살인데 말이다.

식단 관리와 함께 영양 보충도 시작했다. 나이가 들면서 음식만으로는 필요한 영양을 모두 섭취하기 어렵다는 것을 깨달았기 때문이다. 내 몸에 맞는 방법을 찾아가며 아침 공복에 환원 소금차를 마시고, 아침에는 밥 대신 비타민 주스를, 저녁 식사 후에는 미네랄이 포함된 주스를 마시기 시작했다.

처음에 남편은 "나는 괜찮으니 당신이나 먹고 건강해져라"며 거부했다. 그런데 내가 읽던 《죽은 의사는 거짓말하지 않는다》를 읽고 난 후 "나도 좀 줘봐, 먹어보게"라고 하더니 함께 건강 관리를 시작하게 되었다.

이렇게 우리가 함께 건강 관리를 시작한 지 몇 달이 지나자, 몸에 놀라운 변화들이 찾아왔다.

가장 먼저 느낀 것은 소화 기능의 개선이었다. 병원 검진에서 늘 처방받던 위염 약이 더 이상 필요 없어졌다. 의사가 위내시경 검사 결과를 보며 "위가 깨끗하다"고 말해주었을 때, 그 기쁨을 어떻게 표현할까. 몸의 염증이 많이 사라진 것이다.

남편의 변화도 눈에 띄었다. 늘 소화 불량으로 고생하던 그가, 내가 "배고파"라고 하면 "참 좋겠다, 나도 그렇게 배 좀 고파 봤으면 좋겠다"고 부러워하곤 했는데, 이제는 그가 먼저 "배고프다"고 말할 정도로 소화력이 좋아졌다.

무엇보다 기뻤던 건 무릎 통증이 눈에 띄게 줄어든 것이었다. 완전히 사라진 건 아니지만, 아침에 일어날 때 그 고통스러운 순간들이 많이 사라졌다. 계단도 예전보다 훨씬 가벼운 발걸음으로 오를 수 있게 되었고, 장시간 서 있어도 무리가 없었다.

그리고 체력도 확실히 좋아졌다. 예전에는 오후만 되면 피곤함이 몰려와 눈이 무거웠는데, 이제는 저녁까지도 활기차게 지낼 수 있다. 수면의 질도 달라져서 밤에 자주 깨던 것이 줄어들고, 아침에 일어날 때의 개운함을 다시 느낄 수 있게 되었다.

이런 변화들은 주변에서도 눈에 띄었나 보다. 친구들이 "요즘 표정이 밝아졌다", "건강해 보인다"고 말해주었을 때 정말 뿌듯했다. 오랜만에 만난 지인은 "뭔가 달라진 것 같다"며 그 비결을 궁금해하기도 했다.

이제 건강 관리는 자연스러운 일상이 되었다. 아침에 일어나면 가장 먼저 건강 주스를 준비하고, 식사 때마다 몸에 좋은 음식을 선택하려고 의식한다. 남편과 함께 주말 산책을 하는 것도 새로운 루틴이 되었다. 예전처럼 집에서 뒹굴거리던 주말이 아니라, 몸을 움직이고 싶은 마음이 저절로 든다.

문득 결혼 초기 시어머니와 함께 살던 시절이 떠올랐다. 어머니는 매일 식사 전과 후에 꼭 약을 드시곤 했다.

혈압약, 당뇨약, 관절약, 신경통약, 소화제… 그 모습을 보며 '아, 정말 오래 사시고 싶으신가 보다'라고 속으로 생각했던 아무것도 몰랐던 어린 며느리였다.

당시 20대였던 나는 어머니가 "이건 혈압약, 이건 소화제, 이건 관절에 좋은 거야"라고 하나하나 설명해주실 때도 그저 "네, 네" 하며 건성으로 들었었다. 건강하다고 자신했던 나에게는 그 모든 것들이 먼 훗날의 일처럼 느껴졌다.

그런데 지금 50대가 된 나 역시 아침마다 건강 관리를 위해 영양을 챙기며 어머니의 그 마음을 조금씩 이해하게 되었다. 그 약들이 단순히 오래 살기 위한 것이 아니라 '아프지 않고 건강하게 살기 위해서'였음을 깨달았다. 어머니도 분명 나처럼 가족들과 더 오랫동안 건강하게 함께하고 싶으셨을 것이다.

이제야 깨달았다. 건강 관리는 나만을 위한 것이 아니라는 것을. 사랑하는 사람들과 함께할 시간을 늘리고, 그들에게 짐이 되지 않으려는 배려이자 책임이라는 것을.

아이들이 장성해서 각자의 삶을 살아갈 때, 부모인 내

가 건강하지 못해 그들에게 부담을 주고 싶지 않다. 오히려 그들이 힘들 때 든든한 지원군이 되어주고 싶다. 남편과 함께할 노후도 마찬가지다. 서로 건강해야 진짜 행복한 시간을 보낼 수 있을 것이다.

건강 관리를 시작하면서 꿈꾸게 된 것은 '품위 있는 노년'이다. 나이가 들어도 스스로를 돌볼 수 있는 힘을 유지하고, 몸도 마음도 건강하게 나이 들어가는 것. 그것이 내가 그리는 모습이다.

물론 각자에게 맞는 건강법은 다를 수 있다. 하지만 한 가지는 분명하다. 50대에 시작한 이 건강 관리가 늦은 것은 아니라는 것이다.

오히려 이제부터가 진짜 시작이다. 남은 인생을 건강하고 활기차게 살아가기 위한, 그리고 사랑하는 사람들과 더 오래 함께하기 위한 소중한 여정의 시작 말이다.

5. 하프라인을 지나며 준비하는 든든한 미래

결혼하던 해 가을, 시아버님의 환갑잔치가 있었다. 집 앞 마당에 천막을 세우고 바닥에는 멍석을 깔아 상을 폈다. 그리고는 하루 종일 국수를 삶았던 기억이 난다.

그해 봄 결혼식 예물로 받았던 고운 한복을 태워서 엄청 속상했던 기억도 난다. 아버님은 그날 네 자녀의 부부들과 손주 4명의 큰절을 받으셨고, 그 후 6명의 손주를 더 보시고 30년 후 돌아가셨다.

환갑잔치를 치른 후 아버님이 약주만 드시면 하시던 말씀은 "나는 이제 하프라인을 지났어"였다. 그 말씀을 어찌나 자주 하시던지… 그러나 그때는 그 말씀의 깊은 의미를 진지하게 생각해보려 하지 않았다.

지금 생각해보면 아버님이 말씀하시던 하프라인은 인생의 중반을 의미했을 것이다. 그 시점에서 자신이 걸어온 길을 돌아보고 남은 인생을 어떻게 살아갈지를 깊이 고민하는 시간이었을 것이다.

아버님은 아마도 어린 시절의 순수함과 청년기의 열정을 떠올리며, 가족을 부양하면서 겪었던 기쁨과 슬픔을 되새기셨을 것이다. 하프라인에 접어들면서 느끼는 삶의 덧없음은 아버님에게 큰 무게로 다가왔을 것이고, 앞으로의 시간에 대한 불안감도 함께 느끼셨을 것이다.

이제 남편이 아버님의 나이에 이르러, 그 마음을 조금이나마 이해하게 되었다. 나 역시 50대 후반을 맞으며 아버님처럼 '하프라인'을 지나고 있다는 생각이 든다.

그런데 아버님 때와는 달리 우리는 더 오래 살 수 있는 시대에 살고 있다. 그렇다면 남은 시간을 어떻게 보내야 할까? 아버님이 느끼셨던 불안감을 그대로 안고 살 것인가, 아니면 이를 희망으로 바꿔볼 것인가?

나는 후자를 선택하기로 했다. 그래서 시작한 것이 나

만의 체계적인 노후 준비였다.

먼저 가장 중요하게 생각하는 것은 정신적 자산을 쌓는 일이다. 나이가 들어도 배움을 멈추지 않는 것, 이것이야말로 진정한 노후 준비의 첫걸음이라고 생각한다.

독서를 통해 다양한 영역을 확장하기로 결심했다. 매달 최소 4권의 책을 읽는 것을 목표로 정했다. 자기계발서, 인문학, 에세이, 소설을 골고루 읽으며 균형을 맞추려고 하고 있다.

경제적 자유도 필요하다. 때마침 지인의 소개로 읽게 된 《파이프라인 우화》는 미처 생각해보지 않았던 경제 개념이었다. 이 책을 읽고 나서 '내가 만들 수 있는 파이프라인이 뭘까?' 하는 고민이 시작되었다.

파이프라인이란 계속해서 시간과 자본을 투입해서 돈을 버는 일이 아니라, 한 번 만들어 놓으면 지속적으로 수익이 발생하는 구조를 말한다. 곰곰이 생각해보니 이미 만들어 놓은 온라인 판매망이 있었다. 처음에 만들 때는 많은 노력과 시간이 들었지만 지금은 관리만 하면 되니, 파이프라인의 개념과도 부합한다는 생각이 든다.

그러나 "건강을 잃으면 모든 것을 잃는다"는 말을 실

감한다. 아무리 돈을 많이 모아놔도 아프면 다 병원비로 나가버린다. 그래서 건강 관리야말로 가장 확실한 노후 투자라고 생각한다.

얼마 전 1박 2일 건강 캠프에 참석했는데, 그곳에서 '웰다잉'이라는 말을 들었을 때 가슴 한편이 먹먹해졌다. 지금까지 나는 어떻게 살 것인가만 생각했지, 어떻게 죽을 것인가는 생각해본 적이 없었기 때문이다. 죽음이 이렇게 가까이 와 있다는 것을, 그리고 그 죽음조차 준비해야 한다는 것을 그제야 깨달았다.

사전연명의료의향서를 작성하는 순간, 손이 떨렸다. 심폐소생술, 인공호흡기, 혈액투석, 항암제… 이 네 가지 앞에서 '예' 또는 '아니오'에 체크해야 하는데, 펜이 좀처럼 움직여지지 않았다. 이것은 단순한 서류가 아니었다. 내 생의 마지막 순간에 대한 결정이었다.

문득 시아버님의 마지막이 떠올랐다. 병상에서 의식을 잃으신 채 보내신 마지막 한 달. 그때 아버님은 과연 무엇을 원하셨을까? 우리가 아버님을 위한다며 한 선택들이 정말 아버님을 위한 것이었을까? 아버님이 그토록 자주 하시던 '하프라인' 이야기 속에는 이런 마음도 담겨 있었을까?

서류를 작성하면서 가장 먼저 떠오른 것은 남편과 아이들의 얼굴이었다. 내가 아프면 가장 힘들어할 사람들, 내 선택으로 인해 평생 죄책감을 가질 수도 있는 사람들. 이 서류는 나를 위한 것이지만, 동시에 사랑하는 사람들을 위한 것이기도 했다. 그들이 나를 보내면서도 '이것이 엄마가 원하던 방식이니까'라고 위안받을 수 있도록 해주는 마지막 선물 말이다.

죽음이 무섭지 않다고 하면 거짓말이다. 하지만 무엇보다 두려운 것은 품위 없는 죽음, 가족들에게 고통을 주는 죽음이다. 살아있을 때 최선을 다해 사랑하고, 떠날 때는 깔끔하게 떠나는 것. 그리고 꼭 한마디 "천국에서 만나자"라고 말하는 것. 그것이 내가 그리는 마지막 모습이다.

시아버님의 '하프라인' 이야기를 떠올리며 깨달은 것이 있다. 노후 준비에 늦은 때란 없다는 것이다. 지금 당장 시작하면 10년 후, 20년 후의 내가 고마워할 것이다.

완벽한 준비는 없다. 하지만 지금 할 수 있는 범위에서 최선을 다하는 것, 그것만으로도 충분히 의미 있다. 경제적 준비, 건강 관리, 정신적 성장, 웰다잉 준비. 이 네 가지 영역에서 균형 잡힌 노력을 계속해나가려고 한다.

아버님이 하프라인에서 느끼셨던 불안과 덧없음이 이제는 이해가 된다. 하지만 우리에게는 아버님보다 더 많은 시간과 선택지가 있다. 그 시간을 어떻게 채워나갈지는 온전히 우리의 몫이다.

하프라인을 지났다고 해서 끝이 아니다. 오히려 진짜 인생의 시작일 수도 있다. 이제야 내가 진정 원하는 것이 무엇인지 알게 되었고, 그것을 향해 한 걸음씩 나아갈 수 있는 여유와 지혜가 생겼으니까.

남은 인생이 아버님이 꿈꾸셨던 것보다 더 풍요롭고 의미 있는 시간이 되기를 바라며, 오늘도 한 페이지씩 책을 읽고 한 걸음씩 건강을 챙겨나간다.

6. 매일 조금씩 더 지혜로워지는 법

요즘 들어 자꾸 생각하게 된다. 나이를 먹는다는 것이 꼭 나쁜 일만은 아니라는 것을. 물론 체력은 예전 같지 않고, 기억력도 가끔 말썽을 부린다. 하지만 그 대신 얻게 된 것이 있다. 바로 지혜다.

지혜라고 하면 뭔가 거창해 보이지만, 사실은 아주 소박한 것들이다. 화가 나도 한 박자 쉬고 생각해보게 되는 것, 상대방의 입장에서 한번 더 생각해보는 것, 정말 중요한 것과 그렇지 않은 것을 구분할 줄 아는 것. 이런 것들이 바로 나이 듦이 주는 선물이 아닐까?

얼마 전 《벤자민 프랭클린의 자서전》을 읽어보았다.

300여 년 전에 쓰인 책인데, 신기하게도 지금 읽어도 전혀 낡지 않은 이야기들이 가득했다. 특히 그가 평생에 걸쳐 실천하려 했던 13가지 덕목 이야기는 정말 인상적이었다.

그 책을 읽으면서 부끄러워졌다. 내가 그동안 지혜롭다고 생각했던 것들이 사실은 얼마나 허영에 가까웠는지 깨달았기 때문이다. 프랭클린이 자신의 단점을 솔직하게 고백하며 매일 조금씩 나아지려 했던 모습을 보면서, 나는 언제부터 완벽한 척 살아왔나 싶었다.

프랭클린이 추구한 것은 사실 그리 특별한 것이 아니었다. 절제하여 살기, 말보다는 듣기를 먼저 하기, 자신의 일상을 질서정연하게 관리하기, 자신에게 정직하고 타인에게 진실하게 대하기, 그리고 무엇보다 겸손한 마음을 잃지 않기. 이런 것들이었다.

그제야 알았다. 진정한 지혜는 내가 얼마나 부족한 사람인지를 인정하는 것부터 시작된다는 것을. 거창한 철학이나 이론이 아니라, 일상에서 실천할 수 있는 소박하지만 깊이 있는 삶의 태도들이 바로 지혜라는 것을. 프랭클린처럼 완벽하지 않음을 인정하면서도 매일 조금씩 나아지려 노력하는 것, 그것이 진짜 성장이라는 것을.

현대는 모든 것이 넘쳐나는 시대다. 음식도, 정보도, 물건도, 자극도. 스마트폰만 켜도 쏟아지는 정보의 홍수에 휩쓸리기 쉽다.

얼마 전까지는 잠들기 전에 침대에서 유튜브를 보는 습관이 있었다. 하나 보다가 또 하나, 그러다 보면 어느새 새벽 2시가 넘어가곤 했다. 다음 날 피곤한 건 당연하고, 잠들기 전 각종 자극적인 영상들을 보다 보니 마음도 어수선해졌다.

그래서 작은 변화를 시도해봤다. 잠들기 1시간 전부터는 스마트폰을 멀리 두기로 한 것이다. 대신 차 한잔을 천천히 마시거나 간단한 독서를 하며 마음을 정리했다.

첫날 밤, 스마트폰을 거실에 두고 침실로 들어갔을 때의 그 허전함이란… 마치 중독자가 금단 증상을 겪는 것 같았다. 침대에 누워서도 자꾸 무언가를 손으로 만지작거렸다. '그냥 한 번만…'이라는 유혹이 몇 번이나 밀려왔다.

하지만 며칠 후 놀라운 일이 일어났다. 오랜만에 조용한 밤을 맞이한 내 마음이 차분해지기 시작한 것이다. 마치 오랫동안 시끄러운 곳에 살다가 조용한 곳으로 이사한 것 같은 평온함이었다. 잠도 더 깊게 자고, 다음 날 컨디션도 훨씬 좋아졌다.

소셜미디어 시대에는 모든 사람이 자신의 목소리를 내려고 한다. 나도 예외는 아니었다. 누군가와 대화할 때 상대방이 말을 끝내기도 전에 내 생각을 말하려고 했다.
그런데 멘토 선생님께서 해주신 말씀이 있다.

"사람들은 조언을 원하는 게 아니라 이해받고 싶어 해요. 먼저 충분히 들어주세요."

그 말씀이 가슴에 박혔다. 나는 지금까지 듣는 척하면서 사실은 내가 할 말만 생각하고 있었구나.
의식적으로 듣기에 집중하려고 노력하기 시작했다. 처음에는 정말 어려웠다. 상대방이 말하는 동안 머릿속에서는 계속 내 의견이 맴돌았다. 하지만 점차 변화가 일어났다.
진짜로 들어주기 시작하니 사람들의 진짜 마음이 보이기 시작했다. 그들이 원하는 건 정답이 아니라 공감이었다. 누군가 내 이야기를 온전히 들어줄 때의 그 따뜻함을, 이제야 남에게도 줄 수 있게 되었다.

나이가 들수록 남에게 잘 보이려는 욕심이 줄어든다. 정확히는 그런 욕심이 얼마나 피곤한 일인지를 깨닫게 된다.

40대 초반까지만 해도 모임에 나가면 늘 '괜찮은 사람'으로 보이려고 애썼다. 조금 무리해서라도 비싼 옷을 입고, 모르는 이야기가 나와도 아는 척했다.

그런데 집에 돌아와서는 늘 공허했다. '오늘도 연기를 잘했네'라는 생각이 들면서 자괴감이 밀려왔다. 특히 아는 척했던 것들이 나중에 들통 날까 봐 전전긍긍했던 기억이 난다.

지금은 다르다. "잘 모르겠어요", "저는 그런 경험이 없어서"라고 솔직하게 말한다. 그러면 오히려 상대방도 편안해하고, 진짜 대화가 시작된다.

'잘 모르겠어요'라고 말할 때마다 가슴이 뻥 뚫리는 느낌이다. 마치 오랫동안 꽉 조이던 옷을 벗은 것 같은 해방감. 이제야 진짜 나로 살고 있다는 안도감이 든다. 가면을 쓰고 사는 것이 아니라 있는 그대로의 모습으로 살

때 진정한 평안을 얻을 수 있다는 것을 배웠다.

이런 깨달음들을 일상에서 실천하기 위해 나름의 작은 습관들을 만들어봤다.

잠들기 전 의식

잠들기 1시간 전부터는 스마트폰을 멀리 둔다. 대신 차 한잔을 마시거나 가벼운 독서로 마음을 정리한다.

대화할 때

상대방이 말할 때는 다음에 뭘 말할지 생각하지 않고 온전히 듣기에 집중한다. "그래서 어떤 기분이었어?"라는 질문을 자주 한다.

선택의 순간

뭔가 사고 싶거나 하고 싶을 때 "이것이 정말 필요한가? 내게 진짜 도움이 될까?" 한 번 더 생각해본다.

하루 정리

잠들기 전 5분 정도 오늘 하루를 돌아본다. '잘한 일 하나, 아쉬운 일 하나, 감사한 일 하나'를 떠올린다.

처음에는 '잘한 일'을 찾기가 어려웠다. '별로 한 게 없는데…'라는 생각이 들었다. 그런데 며칠 지나니 작은 것들이 보이기 시작했다. 엘리베이터에서 버튼을 눌러준 것, 동료에게 따뜻한 말을 해준 것, 남편의 이야기를 끝까지 들어준 것…

이 작은 순간들을 되새기면서 '아, 나도 나쁘지 않게 살고 있구나' 하는 따뜻한 마음이 든다. 하루를 원망하며 잠들던 예전과는 정말 다른 기분이다.

이런 작은 습관들이 모여서 조금씩 나를 변화시키고 있다. 완벽하지는 않다. 여전히 스마트폰을 늦게까지 보는 날도 있고, 성급하게 말하는 순간들도 있다. 하지만 그런 나 자신조차 미워하지 않게 되었다.

어제보다 조금 더 지혜로워지고 있다는 느낌. 그것만으로도 충분히 의미 있다. 프랭클린이 말했듯이, 완벽함을 추구하는 것보다 조금씩이라도 나아지려는 노력 자체가 의미 있는 일이다.

나이 듦이 주는 이런 선물들을 소중히 여기며, 오늘도 작은 지혜를 실천해본다. 그 과정에서 만나는 작은 깨달음들이, 어쩌면 내가 찾던 진짜 행복에 더 가까운 것일지도 모른다.

에필로그

이제 시작이다, 나의 두 번째 인생

마지막 문장에 마침표를 찍고 노트북을 덮는다. 창밖으로는 오늘도 어김없이 캄캄한 밤이다.

1년 전의 나를 떠올려본다. 책을 쓸 수 있을까 망설이며 빈 노트북 화면 앞에서 한참을 앉아있던 그 사람. '내가 뭐 대단한 이야기를 가지고 있다고…' 하며 스스로를 의심했던 그 사람.

그런데 지금의 나는 어떤가. 한 권의 책을 완성했고, 내 이야기에 귀 기울여주는 사람들이 있다는 것을 알게 되었다. 하루하루 조금씩 쌓아올린 작은 노력들이 모여 지금의 나를 만들어주었다.

나 자신이 자랑스럽다. 두려움을 이겨내고 시작했고, 포기하고 싶은 순간에도 다시 일어섰으며, 완벽하지 않더라도 용기를 내어 나의 이야기를 세상에 내놓았다. 50대 후반의 나에게 이런 변화가 가능할 줄 누가 알았겠는가.

하지만 이것이 끝은 아니다. 오히려 진짜 시작이다. 이 책을 쓰는 과정에서 내 안에 잠들어 있던 새로운 가능성들을 발견했다. 그리고 무엇보다 새로운 꿈이 생겼다. 나처럼 책쓰기에 도전하고 싶어 하지만 막막해하는 사람들을 도와주고 싶다는 꿈이.

책을 쓰며 겪었던 시행착오들, 막힐 때마다 찾아낸 해결책들, 그리고 완성의 기쁨까지. 이 모든 경험이 이제는 다른 누군가에게 도움이 될 수 있는 소중한 자산이 되었다. 혼자서 끙끙대며 시작했던 나의 여정이 이제는 함께 걸을 수 있는 길이 되었다는 것이 얼마나 감사한가.

예전에는 나이가 든다는 것이 에너지가 소진되어가는 과정이라고 생각했다. 하지만 이제는 안다. 나이 듦은 소진이 아니라 축적이고, 끝이 아니라 새로운 시작이라는 것을.

50대 이후의 삶은 지금까지 쌓아온 경험과 지혜를 바

탕으로 진짜 하고 싶었던 일들을 할 수 있는 황금기다. 우리는 젊을 때와는 다른, 더 깊고 지속 가능한 새로운 에너지를 만들어낼 수 있다.

특히 50대 이후의 여성들에게 말하고 싶다. 우리에게는 고유한 꿈과 재능과 가능성이 있다. 그것들을 꺼내어 세상에 내보일 때가 바로 지금이다. 혹시 책쓰기가 그 첫걸음이라면, 기꺼이 당신의 동반자가 되고 싶다. 우리는 혼자가 아니다. 비슷한 꿈을 꾸는 동료들과 함께 서로 격려하며 걸어갈 수 있다.

무엇보다 이 모든 과정에서 함께 해주신 하나님 아버지께 가슴 벅찬 감사를 드린다. 막막할 때 길을 열어주시고, 포기하고 싶을 때 용기를 주시며, 따뜻한 사람들을 보내주신 그 은혜에 온 마음으로 감사드린다. 그리고 이제 나를 통해 다른 사람들에게도 그 은혜가 흘러가기를 간절히 소망한다.

오십, 나를 다시 시작하다

발행일	2025년 9월 10일 초판 1쇄
지은이	현은정
펴낸이	황준연
편집 디자인	오형석
펴낸곳	작가의 집
출판사등록	2024.2.8(제2024-9호)
주소	제주도 제주시 화삼북로 136, 102-1004
이메일	huang1234@naver.com
연락처	010-7651-0117
홈페이지	https://class.authorshouse.net
ISBN	979-11-94947-23-3(03810)

· 이 책은 저작권법에 의하여 보호를 받는 저작물이므로 무단 전재와 복제를 금합니다.
· 파본은 구입하신 서점에서 교환해드립니다.